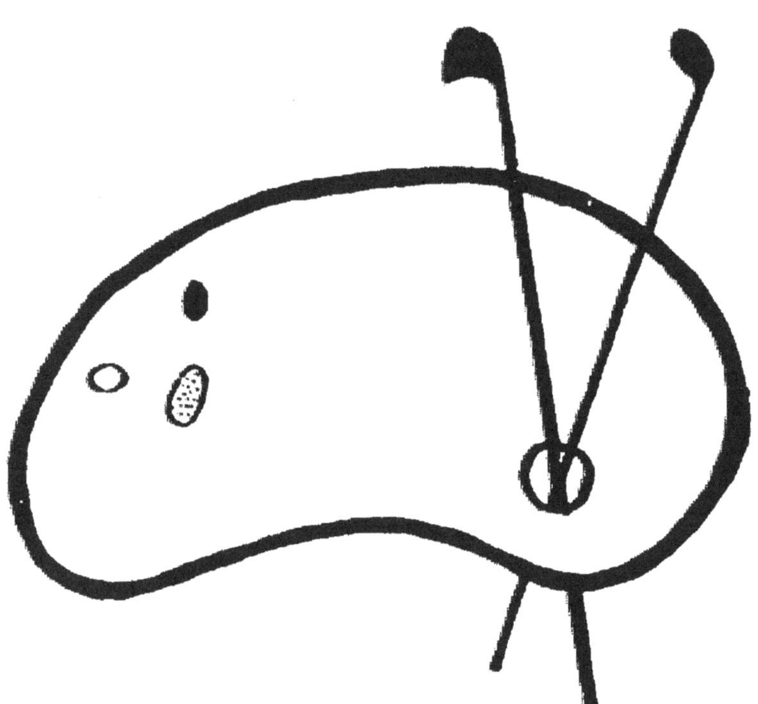

DEBUT D'UNE SERIE DE DOCUMENTS
EN COULEUR

NOTICE

SUR

L'INTENDANCE DE PROVENCE

PAR

F. DE MARIN DE CARRANRAIS

MARSEILLE
IMPRIMERIE MARSEILLAISE
Rue Sainte, 39

1889

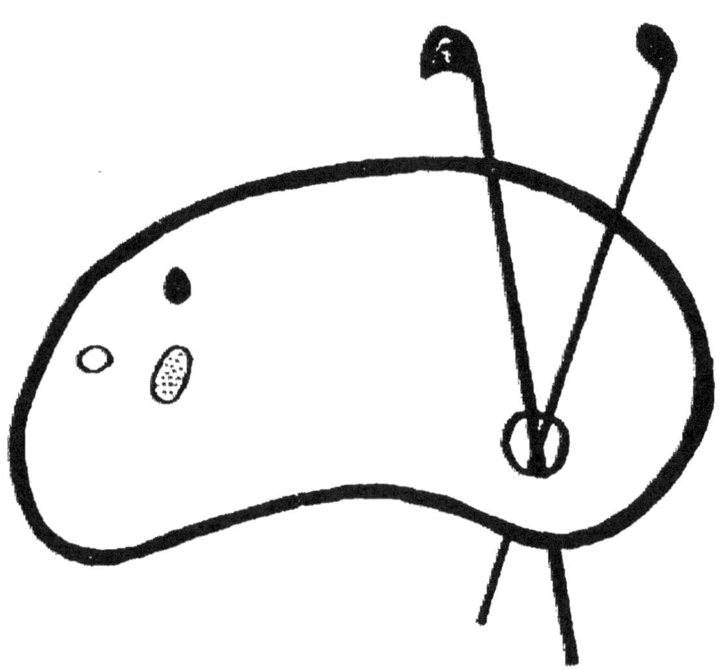

FIN D'UNE SERIE DE DOCUMENTS
EN COULEUR

Hommage de l'auteur.

NOTICE

SUR

L'INTENDANCE DE PROVENCE

PAR

F. DE MARIN DE CARRANRAIS

MARSEILLE
IMPRIMERIE MARSEILLAISE
Rue Sainte, 39
—
1889

NOTICE

SUR

L'INTENDANCE DE PROVENCE

I. — Origine de l'institution des Intendants

L'administration française n'a été réellement fondée et puissamment organisée que par l'institution des intendants.

La création de ces magistrats ne fut pas l'œuvre d'un jour, et, s'ils ne reçurent un département territorial fixe que sous Louis XIII, on signale dans les *commissaires du roi*, appelés au moyen-âge à corriger les abus et à réprimer les désordres des administrations locales, les précurseurs des intendants.

Sous Charles VII, leurs attributions sont devenues surtout judiciaires, et ils se recrutent parmi les *maîtres des requêtes de l'Hôtel du roi*. Ces maitres des requêtes sont astreints, en 1553, à un règlement spécial : ils doivent faire dans les généralités, ou ressorts des bureaux de finances, des *chevauchées* ou tournées d'inspection (1), et en rendre

(1) D'Arbois de Jubainville, *Introduction à l'Inventaire des archives de l'Aube*, p. 15. — Chéruel, *Dictionnaire historique des institutions de la France*, Vº INTENDANTS.

compte au Conseil du roi. Plus tard on assigna un maître des requêtes à chaque généralité pour surveiller plus efficacement l'emploi des deniers publics. Ce n'est guère que sous Louis XIII que ces magistrats devinrent sédentaires dans leurs ressorts, et prirent le nom d'*Intendants de justice, police et finances et commissaires départis pour l'exécution des ordres du Roi* (1).

Agents directs du pouvoir royal, fonctionnaires plus dépendants et plus dociles de l'autorité centrale que les gouverneurs, ils avaient vu leurs attributions s'accroître de jour en jour. Richelieu, qui ne négligeait aucune occasion d'abaisser la haute noblesse, et dont le génie ombrageux voulait contenir les parlements, avait voulu faire d'eux un contrepoids à l'influence souvent redoutée des grands seigneurs ou des princes qui administraient les provinces et des magistrats qui en défendaient les privilèges; et, pour arriver à ce but, il élargit de plus en plus la sphère où se mouvaient les intendants.

C'est ainsi qu'ils usaient d'un pouvoir judiciaire exceptionnel dans certaines causes politiques dont on ne voulait pas laisser la connaissance aux juges ordinaires, et, sur ce terrain, les intendants luttèrent pied à pied contre les parlements du royaume (2).

(1) « Cette transformation, le plus grand fait peut-être de notre histoire administrative, dit M. R. Dareste, fut l'œuvre de Richelieu. Elle passa presque inaperçue des contemporains, parce qu'elle se fit lentement et sans bruit, et parce que le personnel des nouveaux intendants fut soumis à des mutations très fréquentes, comme par souvenir du temps où ils étaient ambulatoires. » (*Etudes sur les origines du contentieux administratif en France*, 1re partie).

(2) Le marquis d'Argenson rapporte dans ses *Mémoires*, qu'un jour Law lui dit: « Jamais je n'aurais cru ce que j'ai vu quand j'étais contrôleur des finances. Sachez que ce royaume de France est gouverné par trente intendants. Vous n'avez ni parlements, ni états, ni gouverneurs; ce sont trente maîtres des requêtes commis aux provinces de qui dépendent le malheur ou le bonheur de ces provinces, leur abondance ou leur stérilité. »

Maitres absolus de l'administration, ils maintenaient l'ordre public par des mesures de police et réprimaient sévèrement les troubles qui venaient à se produire ; — auxiliaires actifs des gouverneurs militaires, ils s'occupaient de l'enrôlement des troupes, de leur subsistance, de leur logement, de leur solde, des fortifications et des arsenaux, et avaient seuls le droit de lever les *milices* et les garde-côtes ; — leur tutelle s'exerçait sur le gouvernement des biens des églises, aux besoins desquelles ils devaient pourvoir ; — ils surveillaient aussi la gestion des propriétés appartenant aux communautés, et vérifiaient les élections de leurs magistrats municipaux ; — les intendants avaient encore dans leur département l'agriculture, les travaux de dessèchement des marais, le service des eaux et forêts, les haras ; — leurs attributions englobaient le commerce, la surveillance des manufactures, de la navigation, les corporations industrielles ; — ils présidaient aux grands travaux publics, et c'est à eux que nous devons ce réseau de routes qui couvre le territoire français ; — enfin, leur pouvoir en matière financière était fort étendu : ils établissaient presque à leur gré les impôts ordinaires ou extraordinaires ; les aides, le domaine, les amendes, les droits de greffe et de chancellerie relevaient d'eux (1).

On le voit, le titre d'*Intendants de* POLICE, JUSTICE ET FINANCES résumait les caractères essentiels de la juridiction variée que la monarchie donna à ses agents directs, pour accroître leur importance et leur concilier les respects.

(1) Chéruel, loc. cit.

II. — Des pouvoirs de l'Intendant de Provence.

Mais l'intendant n'avait pas, dans les *pays d'Etats*, la même autorité que dans les *pays d'élection*.

« En Provence surtout, » dit l'abbé de Coriolis (1), « l'intendant n'a que très peu de part à notre administration; il ne connait en aucune manière des impositions; la capitation est le seul objet dont la répartition lui soit dévolue, encore est-il obligé d'appeler les procureurs du Pays pour y travailler; les communautés ne sont soumises à son inspection que lorsqu'elles veulent faire quelque dépense extraordinaire qui n'est point comprise dans les arrêts du conseil qui ont réglé ce qu'il leur est permis de dépenser annuellement, et c'est véritablement à l'intendant de Provence qu'on peut appliquer la disposition de la déclaration du 13 juillet 1648, et dire de lui que ses fonctions se bornent à seconder le gouverneur dans l'exécution de ses pouvoirs, ne devant se mêler en aucune manière de la levée des deniers du Roi, encore moins de ceux du Pays (2).

« L'intendant n'a par sa place aucune juridiction en Provence; et si quelquefois on a vu la connaissance de certaines matières ou de certains objets lui être attribuée, les cours et le Pays n'ont cessé de réclamer contre ces

(1) *Traité sur l'administration du comté de Provence*, t. 1, p. 15.

(2) Cf. (Archives des Bouches-du-Rhône, série C., reg. 13 du Pays f° 142), vœu des Etats de Tarascon, tenus au mois de mars 1631, et tendant à faire conserver aux dits Etats la « *possession de la police générale de la province et le droict de fere seuls les impositions sur le corps du pays, ou partye d'icelluy.* »

attributions dont le moindre vice est d'exposer les Provençaux à être distraits de leurs juges naturels, contre la disposition formelle de nos lois statutaires... »

Ainsi donc, les pouvoirs de l'intendant, relativement restreints dans les pays d'états, le sont encore plus en Provence ; à côté d'eux, nous voyons une autre autorité administrative considérable : celle des consuls d'Aix. Ces magistrats étaient, par leur charge, investis des attributions les plus étendues : depuis une époque fort reculée, ils remplissaient le rôle de *Procureurs du Pays* et le droit d'en faire les fonctions leur fut reconnu par un édit de François Ier, daté du mois de septembre 1535. Ils étaient surtout, il est vrai, les mandataires des Etats, chargés d'exécuter leurs décisions. Mais, outre ce mandat, ils avaient celui de diriger les affaires de la province quand les Etats ne siégeaient pas. On les voit, dans mille circonstances, faire preuve de cette initiative qui est de l'essence de l'administration. Ils prennent des mesures de police pour prévenir les troubles ou pour sauvegarder la santé publique ; ils accompagnent les chefs militaires de la province pendant les guerres, surveillent le passage des troupes et assurent leur subsistance ; apposent leur visa aux réquisitions adressées à toutes les communautés par le gouverneur pour le logement des soldats ; discutent toutes les affaires qui requièrent célérité ; contractent des emprunts au nom du pays ; enfin représentent la Provence de la façon la plus autorisée quand le Roi ou quelque prince entre dans son territoire. Bien qu'ils dussent rendre compte de leurs actes aux Etats et quoiqu'on ait vu, parfois, les consuls d'Aix désavoués par ces assemblées pour avoir outrepassé leurs pouvoirs, on ne saurait cependant leur dénier le caractère d'administrateurs, et l'on comprend que les intendants devaient se heurter souvent à leur influence.

Coriolis, toutefois, a peut-être un peu trop rabaissé ces

derniers, pour exalter les Etats, défenseurs nés de nos antiques privilèges ; et l'on ne saurait manquer de reconnaitre que les Rouillé, les Lebret, les La Tour ont tenu une grande place dans notre province.

Il est vrai qu'ils pouvaient librement déployer leur activité sur un terrain où ni les Etats, ni les procureurs du Pays n'auraient su l'entraver. Maitres absolus de l'administration dans ce qu'on appelait les *terres adjacentes*, ils y réglaient tout ce qui concernait l'impôt ; et, si nos assemblées provinciales demandèrent plus d'une fois l'assujettissement de ces terres aux charges du Pays, elles exprimèrent ainsi de simples *vœux*, que les intendants accueillirent seulement par un sentiment d'équité, et parce qu'il était juste que les terres adjacentes contribuassent aux dépenses faites dans un intérêt commun.

Marseille et Arles notamment relevaient de ce domaine particulier des intendants. M. de Rouillé prit, dès 1672, une part très active à l'agrandissement de cette première ville. Des voies et des places publiques y ont consacré la mémoire des noms de Meilhan, de La Tour, de Montyon. Nos administrateurs se plaisaient à demeurer souvent à Marseille, où ils trônaient sans conteste. Comme ils n'y avaient point de maison d'habitation, la municipalité affecta à leur logement un hôtel qu'elle loua à Georges de Roux, marquis de Brue (1), le célèbre armateur marseillais qui osa un jour déclarer la guerre au roi d'Angleterre.

Il faut donc reconnaitre deux sortes de pouvoirs chez les intendants de Provence : les uns, s'exerçant dans le comté, sont bornés par l'autorité des représentants du pays ; les autres sont absolus sur les *terres adjacentes*.

Nous ne rechercherons pas la limite où leurs droits rencontrent ceux de l'administration militaire ; nous sommes

(1) *Bulletaire de la ville de Marseille*, aux dates du 5 octobre 1752 et du 5 avril 1755.

en effet ici sous un régime commun à toutes les provinces. Disons seulement qu'en Provence comme ailleurs, on avait voulu donner un contrôle aux gouverneurs, diminuer leur personnalité quelquefois menaçante pour l'autorité royale et empêcher leur indépendance de dégénérer en révolte.

Nous rencontrons deux sortes d'agents du roi dans les provinces: les uns, envoyés extraordinaires, n'ont qu'une mission spéciale comportant des pouvoirs restreints; d'autres, auxquels le roi a donné une sorte de délégation générale, avec des droits étendus et continus. Les intendants sont dans cette dernière classe.

Avant d'interroger ici l'histoire de ces magistrats, il ne sera peut-être pas sans intérêt de rappeler le nom de quelques personnages, chargés de missions extraordinaires en Provence, ou nommés par le Roi commissaires à la tenue des Etats. S'ils ne font pas partie intégrante de l'administration, ils représentent du moins le pouvoir royal au sein de ces assemblées, et nous verrons plus tard l'intendant les remplacer dans ces fonctions, transmettre les demandes du roi et faire connaître ses ordres.

III. — Des envoyés extraordinaires du Roi et des commissaires des Etats.

Nous voyons, en décembre 1514, le seigneur de la Voulte et Rabot, premier président du parlement de Grenoble, signer avec le comte de Tende, gouverneur de Provence, le cahier de doléances qui leur est présenté, en leur qualité de commissaires du Roi, par les Etats tenus à Aix (1).

(1) On lit au bas des réponses faites à ces doléances : « *Les responces des susdictes ont esté faictes par mon dit seigneur le grant seneschal*

Le 22 février 1515, le même comte de Tende, les sieurs Mandot de la Marthonie, premier président du parlement de Paris et Jean Calveau, maître des requêtes de l'Hôtel du roi, rendent une ordonnance réglant l'administration de la justice conformément aux vœux des Etats de Provence (1).

En 1535, le Roi commet à la réforme de la justice en ce pays les premiers présidents des Parlements de Pàris, de Bordeaux, de Toulouse et de Grenoble. Sur le rapport qu'ils lui adressent au sujet des abus commis et des remèdes à employer pour les prévenir, il rend un édit réglant les attributions respectives du gouverneur, du grand sénéchal et des magistrats. Cet édit fut présenté par Jean Feu, sieur de Monceaux, président au parlement de Rouen, à celui de Provence, qui l'enregistra par arrêt du 13 décembre 1536 (2).

En 1652, Jacques de Crussol, depuis duc d'Uzès et lieutenant général en Languedoc, vint avec Antoine Fumée, conseiller au grand conseil, et Antoine Ponat, conseiller au parlement de Dauphiné, pour faire exécuter dans la province l'édit de pacification de cette même année et pour juger souverainement les affaires concernant les protestants (3).

Deux ans plus tard, le parlement de Provence ayant rendu un arrêt qui empêchait l'exercice public de la religion réformée, les magistrats de cette cour furent suspendus de leurs charges et le Roi envoya pour les remplir

à mes dits sieurs des estatz, assistans avec luy messieurs de la Voulte et président de Dauphiné. Faict à Aix, le XXme de décembre, l'an de grâce mil cinq cens et quatorze. « Rabot. »

(Archives des Bouches-du-Rhône, série B. Cour des Comptes, n° 49, f° 381).

(1) *Ibidem*, même reg., f° 389, *in fine*.

(2) Papon, *Histoire de Provence*, t. IV, p. 61.

(3) *Ibidem*, t. IV, p. 153.

Bernard Prévôt, sieur de Morsan, président au parlement de Paris, et douze conseillers tirés de ce même parlement ou du grand conseil. Ces commissaires entrèrent en fonctions le 14 avril 1564. Les anciens conseillers ne furent rappelés que le 4 décembre suivant (1).

Nous croyons devoir mentionner au nombre des intendants le président des Arches, commissaire des Etats de 1578.

Mais nous signalerons encore dans cette liste d'envoyés extraordinaires, Philippe du Bec, évêque de Nantes; Louis Chasteigner de la Rochepozay, sieur d'Abin, chevalier de l'ordre du Roi et conseiller d'état ; Jacques Baillet, sieur de Vaugrenans, conseiller au conseil privé et Charles Le Conte, sieur de la Martinière. Ils entrent aux Etats tenus à Aix, au mois de février 1583, en leur qualité de « commissaires délégués par le Roi pour se transporter « ez pays de Lyonnois, Dauphiné et Provence, » pour recueillir les doléances des trois ordres, assurer la bonne administration de la justice, le libre exercice de la religion catholique et essayer de panser les plaies ouvertes par les guerres civiles (2).

Antoine de Seguier, conseiller d'état, représente le Roi aux Etats d'Aix, au mois d'octobre 1586 (3).

En 1588, et le 24 décembre, les procureurs du Pays, réunis en assemblée particulière, remercient le Roi d'avoir bien voulu envoyer MM. Geoffroy Camus de Pontcarré (4),

(1) Reg. du Parlement de Provence. — Papon, IV, 187.

(2) Archives des Bouches-du-Rhône, série C. Reg. du Pays n° 3, f° 431 et suivants.

(3) Reg. 4 du Pays.

(4) La Chesnaye-Desbois, t. IV, col. 636 du *Dictionnaire de la noblesse*, dit que Pontcarré fut nommé en 1588 premier président du Parlement d'Aix, mais que les obstacles suscités par les ligueurs l'empêchèrent de prendre possession de sa charge. Nommé de nouveau sous Henri IV, en 1596, il rencontra les mêmes oppositions. Il mourut conseiller d'état.

maître des requêtes, et de Sainte-Marie, gentilhomme de la chambre, pour faire une enquête sur l'état malheureux de la province, et obtenir le désarmement des partis qui étaient en présence (1).

La mission de Pontcarré ne fut pas facile à remplir, ainsi que nous l'apprend le procès-verbal de la session tenue par les députés des communautés, au mois de février 1589. L'assesseur d'Aix s'y plaint de la mauvaise foi de M. de la Valette, ex-gouverneur de Provence, qui, en feignant de déposer les armes et de rendre les villes qu'il occupait, a, malgré la foi jurée, retenu en ôtage Pontcarré, commissaire du roi. L'assemblée, « vu l'importance dudict faict, remet d'y délibérer après disner, pour y prendre quelque bonne résolution et délibération (2). » On voit ainsi que les députés, hommes de sens, voulaient avec toute la maturité et le repos d'esprit nécessaires traiter de cette grave affaire et prétendaient ne prendre de décision, dans des conjonctures aussi difficiles, qu'après s'être prémunis contre toute préoccupation matérielle.

En 1594, un autre envoyé extraordinaire du Roi, M. de Lafin, arrive en Provence avec des pouvoirs fort étendus pour la pacification des troubles. Il transmet aux Etats tenus à Riez, au mois de mars, les ordres exprès qu'il rapporte de la cour (3). On trouve dans Bouche des détails sur la mission remplie par ce personnage (4).

Les délibérations des Etats d'Aix, en date du mois de septembre de la même année, nous apprennent que le duc de Montmorency avait chargé « d'accommoder les affaires de Provence (5). » Nos historiens racontent ses négociations pour parvenir à ce but.

(1) Reg. 5 du Pays.
(2) Reg. 5 du Pays.
(3) Reg. 5 du Pays, cahier 50, f° 6 *verso*.
(4) *Histoire de Provence*, t. II, p. 792 et suivantes.
(5) Reg. 6 du Pays, f° 57.

Au mois d'avril 1595, nous voyons arriver à Aix M. de Fresnes, conseiller d'état, secrétaire des commandements du Roi, venant faire une enquête sur les événements qui se sont accomplis récemment dans la province (1).

A l'assemblée particulière des procureurs du Pays en date du 24 novembre 1595, prend part le sieur de Vallegrand (Hurault de l'Hospital), aussi conseiller d'état et maître des requêtes ordinaires du Roi, « esleu par Sa Majesté Archevesque d'Aix (2). »

Les consuls d'Aix, réunis au mois de mai 1596, affectent une somme de 1600 écus à l'achat de présents qui seront offerts à Messieurs de Roquelaure et de Belloy qui sont venus travailler à rétablir le calme dans la province (3).

Parmi les commissaires des Etats de Marseille, tenus au mois de mai 1597, figure Guillaume du Vair, qui devait plus tard devenir premier président du Parlement d'Aix et garde des sceaux de France ; il avait été envoyé alors pour présider « la chambre de la Justice souveraine establie en la ville de Marseille (4). » On prétend qu'Henri IV, en lui attribuant une mission de pacification et d'apaisement, aurait dit : « Puisque en Provence on a la teste *verte*, il y faut envoyer *du Vair*. »

Par lettres royales du mois d'octobre 1600, Jean-Jacques de Mesmes, sieur des Arches, maître des requêtes, et Michel de Sade, seigneur de Lagoy et de Romanil furent députés pour faire exécuter l'édit de Nantes dans la province ; nous les voyons rendre une ordonnance le 24 février 1601, assignant Manosque, le Luc et Velaux comme lieux où le culte protestant pouvait s'exercer publiquement (5).

(1) Bouche, II, 804. — Reg. 6 du Pays, *passim*.
(2) Même reg., f° 123 *verso*.
(3) Reg. 6 du Pays, f° 217 *verso*.
(4) Reg. 7 du Pays, f° 4.
(5) Bouche, II, 837.

En 1621, M. d'Ollier, conseiller d'Etat et intendant de la Justice en Lyonnais, Forez et Beaujolais, entre aux Etats tenus à Aix au mois d'août « pour faire entendre de « la part de Sa Majesté quelque commandement bien « pressant dans les dits Estatz, demandant pour raison de « ce l'audience que la dignité de sa commission requé- « roict. » Il expose à l'assemblée l'épuisement du trésor public et réclame du pays au nom du roi 300,000 livres, « gratuitement, comme de père à fils, sans qu'il feust « question d'aulcune constrainte, à quoy sa charge ne « s'estendoyt, ni moings de toucher aux privilleges de la « province, ains seulement par forme de subcide (1). »

Le procès-verbal de l'Assemblée particulière du 6 mai 1628 mentionne un voyage fait à Marseille par M. de Fortia, maître des requêtes ordinaire de l'Hôtel et intendant de Dauphiné, qui avait été envoyé en Provence « avec commission pour la diminution des mesures à sel et augmentation sur le prix (2). »

La Provence avait envoyé des députés auprès du roi Louis XIII à la Rochelle, au mois d'octobre 1628, afin d'obtenir de lui la révocation de divers édits contraires à ses privilèges. M. de Laubespin fut chargé de faire une enquête ; il vint à l'assemblée générale des communautés tenue à Aix le 2 décembre, et après avoir entendu les raisons invoquées par la province, il promit de faire révoquer les édits nouveaux, sauf celui qui établissait les mesures de France dans les greniers à sel (3).

En 1629, au mois de juillet, M. de Bullion, conseiller d'Etat, est commissaire des Etats de Tarascon. Il leur transmet, au nom du Roi, la demande d'un subside de 1,500,000 livres (4).

(1) Reg. 10 du Pays, f° 265 et s.
(2) Reg. 12 du Pays, f° 117 *verso*.
(3) *Ibidem*, f° 179.
(4) *Ibidem*, f° 311 et s.

Le conseiller d'Etat Léon Bruslart, est, au mois de décembre 1632, commissaire des Etats de Brignoles, en même temps que l'intendant la Potherie et fait connaître à cette assemblée les intentions de la Cour. Il promet de faire accorder une diminution sur le don gratuit réclamé à la province, et les Etats, avant de se séparer, lui votent une gratification de 4,000 livres, plus 2,000 livres pour frais extraordinaires (1).

Aux Etats de Fréjus, en février 1636, c'est Gabriel de Beauvau, évêque nommé de Nantes, qui présente des demandes de subsides pour l'entretien des troupes qui surveillent l'armée espagnole retranchée aux îles de Lérins (2). Il paraît encore à l'assemblée des communautés à Cuers au mois d'août suivant, et y discute les offres de la province (3).

En 1637 le Roi envoie en Provence l'archevêque de Bordeaux, Henri d'Escoubleau de Sourdis, à la tête des galères. Mais sa mission était toute militaire : il venait reprendre les îles de Lérins occupées par l'ennemi depuis 1636 (4). Cette entreprise réussit malgré les dissensions survenues entre les chefs des troupes françaises et, le 15 mai, les Espagnols se rendirent à discrétion (5).

Après les troubles de la Fronde qui avaient été profonds en Provence, la Cour envoya dans ce pays pour rétablir l'union et faire respecter son autorité, M. d'Estampes-Valençay, conseiller d'Etat honoraire (6).

De nouvelles séditions s'étant élevées à Aix en 1659 contre le premier président d'Oppède, comme plusieurs

(1) Reg. 16 du Pays, f° 202-276.

(2) Reg. 17 du Pays, f° 187.

(3) *Ibidem*, f° 250.

(4) Reg. 19 du Pays, f° 1 et 101 *verso*.

(5) Bouche rapporte que Sourdis ayant voulu s'interposer entre le comte d'Harcourt et le maréchal de Vitry, qui se disputaient le commandement, celui-ci s'oublia jusqu'à donner un coup de canne à l'archevêque.

(6) Papon, T. IV, p. 524.

des coupables faisaient partie du parlement de Provence, le Roi craignit que leur cause ne fût instruite avec trop de négligence, et en remit l'instruction et le jugement à l'intendant de Languedoc, Bazin de Besons et à Verthamon, maitre des requêtes (1). Ils condamnèrent plusieurs des séditieux par un arrêt rendu le 29 mai à Villeneuve-lès-Avignon,et, le 20 juillet, déclarèrent les consuls d'Aix déchus de leurs fonctions de procureurs du pays.

Cette énumération est déjà bien longue et fastidieuse ; nous n'y joindrons pas celle des simples commissaires députés à la tenue des Etats ; et cependant leurs noms sont les noms les plus célèbres et les plus respectés de notre vieille noblesse parlementaire : Meynier d'Oppède, Forbin, Foresta, Escalis, Coriolis, du Chaine. Mais leur mission spéciale, d'ailleurs éphémère, s'absorbe dans leur caractère de magistrats et de magistrats provençaux, et il est difficile de voir en eux des délégués du Roi plutôt que des représentants de cette province dont ils furent l'honneur et qui leur a voué sa reconnaissance. Nous allons donc clore ici cette liste, pour ouvrir celle des Intendants de Provence.

IV. — Des Premiers Intendants de Provence

§ I. — DES ARCHES

Le magistrat qui paraît avoir exercé le premier les fonctions d'intendant de Provence est Jean-Jacques de Mesmes, sieur des Arches. Son nom rappelle de grands souvenirs : il appartient, en effet, à cette illustre famille

(1) Papon, t. IV, p. 577.

qui a donné à la France tant de diplomates et de magistrats éminents.

Jean-Jacques de Mesmes était « conseiller du Roy en « son privé Conseilh, président au grand Conseilh et com« missaire délégué sur l'*Intendance* de la justice audict « pays de Prouvence, » lorsque nous le voyons siéger aux Etats tenus à Marseille, le 17 février 1578. Cette assemblée se plaint même du peu de diligence qu'il apporte dans l'expédition des affaires et demande sa révocation (1). On lui vote néanmoins une somme de 3,000 livres « pour « le recognoistre de tant de peynes, vacations, chevau« chées extraordinaires qu'il a faictes du temps qu'il est « dans ce pays (2). » Les consuls d'Aix, plus justes ou plus habiles, supplient, le 15 mai 1578, le président des Arches d'aller à la cour et de représenter au Roi les dangers auxquels l'arrivée prochaine du comte de Suze expose la province (3). Nous retrouvons des Arches aux Etats tenus à Saint-Maximin, le 3 février 1580, cette fois avec le titre de « surintendant à la justice et finances dudict pays » de Provence (4). C'est assez, semble-t-il, pour autoriser à l'assimiler aux intendants fixés dans les généralités. On rencontre, en effet, chez lui la durée du mandat, et, à la fois, une juridiction judiciaire et financière. Ce nom de *surintendant*, qui lui est donné dans les actes, ne doit pas le faire confondre avec le *surintendant* des finances, sorte de sous-secrétaire d'Etat, et cela pour deux raisons : d'abord parce que le pouvoir de ce dernier s'étendait à tout le royaume, loin d'être borné à une province, comme l'était celui du président des Arches ; ensuite parce que le surintendant des finances n'avait aucun droit en matière judiciaire.

(1) Voir pièces justificatives, n° 1.
(2) Reg. 3 du Pays, f° 24 *verso*.
(3) *Ibidem*, f° 40.
(4) *Ibidem*, f 101.

Des Arches assiste encore à une assemblée particulière tenue à Manosque le 1er mars 1580 par les procureurs du Pays (1). Mais nous perdons sa trace au delà de cette date et nous ne pouvons préciser à quelle époque expirèrent ses pouvoirs. C'est en 1598 seulement qu'on trouve un nouvel intendant de Provence (2).

§ II. — JEAN DE PÉRICARD, SIEUR DE MÉRIDON

Jean de Péricard, sieur de Méridon, était conseiller d'Etat quand, le 22 septembre 1595, il fut commis à l'*intendance* des finances des province et armée de Provence (3). En cette qualité, il dut accompagner le duc de Guise, gouverneur, auquel avait été confié le commandement des troupes.

Péricard est commissaire des Etats tenus à Marseille au mois de mars 1597 (4). Il siége aussi trois mois plus tard à l'assemblée générale des Communautés convoquée à Aix, et demande des secours en hommes et en argent contre les Florentins qui occupent les îles de Marseille (5). Il est encore désigné parmi les commissaires des Etats tenus à Aix, au mois de février 1598, avec le titre très explicite de « conseiller au conseil d'Estat du Roi et intendant de ses finances en cedit pays de Provence (6). »

(1) Reg. 3 du Pays, f° 170.

(2) Une lacune existe aussi entre 1580 et 1595 dans la liste des intendants de Languedoc, publiée par M. de Laroque. — Arm. de Languedoc, t. II, p. 296.

(3) B. Cour des Comptes, reg. *Virtus*, f° 22. — Voir pièces justificatives, n° II.

(4) Reg. 7 du Pays, f° 4.

(5) *Ibidem*, f° 48, *verso*.

(6) *Ibidem*, f° 75.

Demeura-t-il longtemps encore dans ce poste ? Il est difficile de le dire, car les registres des Etats ne nous révèlent plus rien sur son compte. Le dernier acte que nous trouvions de Péricard est un procès-verbal dressé par lui en 1607, en qualité de commissaire député par le Roi « pour réunir à son domaine les greffes, places de clercs « et petits sceaux des Parlements de Toulouse et « d'Aix (1). » Il semble que s'il eût été encore intendant à cette époque, il en eût pris le titre dans ce document. D'ailleurs, si l'administration de la province avait été entre ses mains en 1600, c'est à lui, paraît-il, qu'aurait dû être confiée la mission d'y faire exécuter l'édit de Nantes ; or nous avons vu que ce soin avait été remis au maître des requêtes des Arches et à Michel de Lagoy (2).

Pendant presque tout le premier tiers du XVIIe siècle notre liste d'intendants est interrompue. Est-ce à dire qu'il n'y en a plus eu en Provence durant cette période ? Nous inclinerions à le croire, car, d'un côté, les délibérations de nos Etats n'en mentionnent point, et, d'autre part, il est difficile d'admettre que, si un administrateur revêtu de ce caractère se fût trouvé dans la province, on l'eût en quelque sorte mis en suspicion pour confier des fonctions inhérentes à sa charge à ses collègues des provinces voisines, comme nous l'avons vu en 1621 et 1628, pour MM. d'Ollier, intendant de Lyonnais (3), et de Fortia, intendant de Dauphiné (4).

(1) B. Cour des Comptes, reg. *Charitas*, f° 366.
(2) Voir ci-dessus, p. 13.
(3) Voir ci-dessus, p. 13.
(4) Voir ci-dessus, p. 14.

§ III. — LE PRÉSIDENT DE CHEVRY

Un court passage des délibérations des Etats tenus à Aix, au mois d'octobre 1624, nous apprend que le président de Chevry administrait alors la Provence. Le président de cette assemblée se fit l'interprète des réclamations publiques contre ce fonctionnaire. Il représenta, en effet, aux députés « que ceste province a juste subject de se « plaindre de Monsieur le président de Chevry, *qui a « l'inthendance de ladite province,* et qu'il seroit à « propos de supplier Sa Majesté donner *ladite inthen- « dance* à tel autre qu'il luy plairra, pour les justes causes « qu'il représenteront à Sa Majesté lhorsque sera son bon « plaisir.

« Sur quoy a esté délibéré que Sa Majesté sera très- « humblement suppliée de donner l'*inthendance de cette « province* à tel autre qu'il luy plaira (1). »

C'est là la seule trace qu'ait laissée Chevry de son passage en Provence. Le ton de cette délibération fait entendre que son apparition, probablement fort courte, fut encore jugée trop longue par ses administrés.

§ IV. — D'AUBRAY ET DE LA POTHERIE

Nous arrivons à 1630, époque où le plus grand nombre des provinces furent pourvues d'Intendants. Selon divers auteurs, parmi lesquels Papon (2), d'Aubray, maître des requêtes, aurait été le premier revêtu de ce titre en Provence. Le garde des sceaux Marillac avait voulu lui don-

(1) Reg. 11 du Pays, f° 139.
(2) *Histoire de Provence*, t. IV, p. 450.

ner un emploi considérable ; mais d'Aubray devait rencontrer dans sa mission d'immenses difficultés.

La Provence était alors gouvernée par le duc de Guise, fils du *Balafré*. Il s'y était rendu très populaire et l'influence qu'il y avait acquise inquiétait Richelieu. Le cardinal avait eu d'ailleurs, comme surintendant de la Navigation, des contestations avec ce prince, qui joignait à sa charge de gouverneur celle d'amiral des mers du Levant. Il voulut, pour le perdre, le soumettre à l'alternative, ou d'appliquer dans son gouvernement des mesures très rigoureuses, ce qui devait lui aliéner le cœur des Provençaux, ou de refuser son concours pour la mise en vigueur de ces mesures, et cela n'était rien moins qu'encourir la disgrâce du Roi.

Au nombre de ces mesures se trouvait le transfert de la Cour des Comptes d'Aix à Toulon, et ce qu'on a appelé l'*Edit d'élection*. Cet édit, brisant la tradition constitutionnelle de la Provence, en vertu de laquelle les Etats votaient l'impôt et connaissaient *seuls* de son assiette, commettait la répartition de cet impôt à des agents royaux appelés *élus*, auxquels étaient réservées des attributions contentieuses fort étendues.

D'Aubray était donc chargé de venir enlever à Aix l'une de ses Cours souveraines de justice et d'établir par la force un droit nouveau en matière fiscale, dans toute la province.

Il arriva à Tarascon au mois d'avril 1630, et, sur l'avis de certaines personnes, convoqua une assemblée des Communautés à Brignoles, pour lui signifier les ordres du Roi. Des troubles se produisirent à cette occasion, et l'intendant dut contraindre les officiers de la sénéchaussée et les consuls de cette ville, qui s'étaient retirés pour protester contre ces innovations, à reprendre immédiatement leurs fonctions.

« A la maladie contagieuse corporelle, » dit Bouche,

« dont presque toute la province et particulièrement la « ville d'Aix estoient délivrées, succéda immédiatement « une contagion des esprits, sous prétexte du bien public ; « beaucoup plus pernicieuse que celle des corps ; que si « bien elle n'a pas fait mourir tant de personnes, au moins « a-t-elle détruit plus de biens et causé en la province « incomparablement plus de misères que la peste n'a « pu faire dans ses plus grands efforts (1). »

Le 29 avril 1630, l'assesseur d'Aix, Feraporte, élevant la voix dans l'assemblée générale des Communautés tenue à Valensolle, représente l'« Edit des Esleuz » comme détruisant les privilèges de la Province et conduisant celle-ci à une inévitable ruine (2). Il obtient la nomination de seize députés, qui devront présenter au Roi leurs remontrances pour obtenir le retrait de cet édit qui enlevait au Pays ses droits imprescriptibles de *Pays d'Etats* (3).

Cette députation ne trouva plus à Grenoble Louis XIII, qui était déjà parti pour la frontière de Savoie. Elle ne put l'atteindre qu'au Fort Barraux. Le Roi signifia aux envoyés qu'il entendait faire ponctuellement exécuter son édit. Les envoyés repartirent découragés, et les promesses que Richelieu leur donna lorsqu'ils repassèrent par Grenoble ne purent les rassurer (4).

Pendant ce temps le peuple, naturellement ardent et excité par des esprits brouillons, se préparait à la résistance. Des conciliabules se tenaient, le cri de ralliement était « *fuero Elus* » (à bas les Elus !) ; le signe des conjurés, un grelot, « *cascavèu*, » d'où vient le nom des troubles des *Cascavèu* donné à cette période agitée de notre histoire locale.

Suivant les conseils de l'avocat Martelly, l'intendant

(1) *Histoire de Provence*, t. 2, liv. X, p. 880.
(2) Voir aux *Preuves*, n° III.
(3) Reg. 14 du Pays, f° 105-109.
(4) *Ibidem*, f° 133 et suiv.

d'Aubray se rendit à Aix, où il arriva le 19 septembre et alla loger dans l'hôtel du duc de Guise, contigu à l'Archevêché, où les consuls de la ville vinrent l'assurer de leur obéissance au Roi.

Malheureusement l'ardeur des esprits était au comble et d'Aubray n'eut pas seulement comme Servien, intendant de Guienne, à défendre ses ordonnances contre le feu allumé par le bourreau sur l'ordre du parlement ; il dût encore défendre sa vie contre la fureur d'une foule en délire. Le peuple courut à l'hôtel de ville et se mit à sonner le tocsin au beffroi. L'émeute envahit la maison du premier président d'Oppède et l'hôtel de Guise où était d'Aubray. Celui-ci ne put se soustraire à la fureur de ses ennemis qu'en s'esquivant par le toit dans la maison du conseiller de La Fare ; un de ses valets fut blessé, et son carrosse fut brûlé avec ses meubles sur la place des Prêcheurs (1). Plusieurs magistrats facilitèrent l'évasion de l'intendant et l'accompagnèrent jusqu'au bourg d'Eguilles. D'Aubray écrivit quelques jours après, de Cavaillon, à l'un de ses sauveurs le conseiller d'Agut : « Je vous supplie « d'excuser ma demeure et de croire que j'aurai à jamais « un ressouvenir de votre bienveillance et que vous avez « beaucoup contribué à me garantir. Je ne puis rien faire « pour votre service qui approche de ce bien. Je me « dévoue entièrement à vous et aux vôtres et tiendrai à « advantage si je puis faire paroître en quelque occasion « le désir que j'ai, Monsieur, d'être à jamais votre très- « humble serviteur (2). »

C'est cette émotion populaire qui est appelée, dans l'assemblée particulière tenue par les procureurs du Pays le 23 septembre, un « petit bruit et vacalme....., duquel

(1) Bouche, tome II, liv. X, § VI. — Papon, p. 452. — Roux-Alphéran, *les Rues d'Aix*, v° « Rue du Séminaire », tome I, p. 459.

(2) Mémoires mss. du conseiller d'Agut.

« la province ne peult moins et dont elle n'en peult estre « en rien coupable (1). »

Le 27 septembre, l'abbé de Mimata, vicaire général d'Aix, fait savoir à une autre assemblée que l'intendant, sur sa demande, a bien voulu promettre d'écrire au Roi pour empêcher le transfert à Toulon du siège de la Cour des Comptes (2).

Le 26 octobre une autre assemblée générale se réunit à Aix. Elle s'occupa des mesures à prendre pour empêcher le régime de l'élection de prévaloir en Provence (3). Le Parlement, de son côté, par un arrêt du 18 octobre, avait fait défense à toutes personnes d'acquérir et d'exercer les nouveaux offices d'*Elus*.

La lutte se ranima. Un parti, ayant pour insigne un *ruban bleu*, se forma à Aix contre les *Cascavèu*. Le baron d'Escalis-Bras, qui le dirigeait, eut à soutenir un combat sur la place des Prêcheurs, au mois de décembre suivant. Poursuivi par ses ennemis, il ne put se sauver qu'en montant au clocher du couvent, et les religieux ne parvinrent à apaiser la populace qu'en la menaçant de la malédiction de Dieu. « Ce fut certes une très grande merveille, » dit naïvement notre vieil historien, « que parmy tant de coups « de mousquets qui furent tirez de part et d'autre, il n'y « eut que deux ou trois de blessez et point de morts, « *entr'autres*, un honnête homme du party du Ruban-« Bleu qui, fuyant vers l'église Saint-Barthélemy, fut si « fort blessé et meurtry en diverses parties de son corps, « que ç'a esté une des plus hautes merveilles de nos jours « qu'il en soit relevé (4). »

La Cour ne pouvait rester indifférente aux troubles des esprits; elle ne devait pas laisser impuni l'affront que son

(1) Reg. 13 du Pays, f° 49.
(2) *Ibidem*, f° 50.
(3) *Ibidem*, f° 58 et s. — Voy. aux Preuves, n° IV.
(4) Bouche, *loc. cit.*

agent direct avait subi en accomplissant ses ordres. Aussi les procureurs du Pays apprirent, le 12 décembre 1630, que M. de la Potherie, conseiller d'Etat, et M. d'Aubray, maitre des requêtes, étaient députés pour « venir en ce « pays, informer sur les mouvemantz arrivez dans la pro- « vince, accompagnés de six mil hommes de pied et cinq « cents chevaulx, commandés par M. de Saint-Chaumont « pour leur fere escorte..... (1). »

Le prince de Condé, envoyé pour apaiser les troubles, prit d'énergiques mesures : il transféra le Parlement à Brignoles, la Cour des Comptes à Saint-Maximin, le bureau des Finances à Pertuis, à Lambesc la Sénéchaussée d'Aix. Ayant ainsi puni cette ville de sa rébellion, il y fit entrer ses troupes le 19 mars 1631. « La crainte fut bien plus « vive, » dit Papon, « quand on vit la Potherie et d'Aubray, « commissaires du Roi, déployer toute la sévérité de la « justice contre les plus coupables d'entre les rebelles. Les « uns furent condamnés au bannissement, les autres aux « galères, plusieurs à la mort (2). »

Ayant accompli leur mission de juges, la Potherie et d'Aubray vinrent représenter le Roi aux Etats tenus à Tarascon, le 7 mars 1631. Les procès-verbaux les qualifient tous deux : « Intendans de la justice, pollice et finances en l'armée du roy en Provence. » La Potherie s'éleva avec chaleur dans cette assemblée contre les habitants de la ville d'Aix. Au cours de cette session, les Etats émirent un vœu tendant à se faire confirmer la « possession de la « pollice générale de la province et le droict de fere seuls « les impositions sur le corps du Pays, ou partye d'icel- « luy (3). »

Le 13 mars 1630, d'Aubray réunit les députés des com-

(1) Reg. 13 du Pays, f° 81.
(2) *Hist. de Prov.*, tome IV, p. 466.
(3) Reg. 13 du Pays, f° 142.

munautés à Tarascon, et leur promet ses bons offices en faveur de la Provence (1).

Le 19 août suivant, il est à Marseille, ainsi que la Potherie ; ils doivent passer quelques jours en cette ville. Une députation leur est envoyée au nom de la ville d'Aix, qui réclame le retour du Parlement et de la Cour des Comptes. Les intendants avaient déjà demandé au garde des sceaux et au Conseil ce retour, qu'ils considéraient comme nécessaire, pour le bien du service du Roi (2).

Nous revoyons d'Aubray à l'Assemblée générale des communautés, réunie à Aix au mois de novembre 1631 (3); il est chargé de faire distribuer 60,000 écus aux troupes par le maréchal de Vitry, qui avait succédé au duc de Guise comme gouverneur (4). C'est la dernière fois que nous trouvons son nom mêlé aux affaires de la province. Il était intendant du Lyonnais en 1639 (5) et devint, comme Bouche nous l'apprend, lieutenant civil au Châtelet de Paris (6). Cette précieuse indication nous permet de l'identifier avec l'infortuné *Dreux d'Aubray*, lieutenant civil de Paris, qui fut le père et l'une des nombreuses victimes de la trop célèbre marquise de Brinvilliers. Il avait fait arrêter et enfermer à la Bastille le chevalier de Sainte-Croix, complice de sa fille. Peu de temps après, la mort subite du lieutenant et celles de ses fils et d'une autre de ses filles, amenèrent de justes soupçons. Ils furent confirmés lorsque, d'Exili étant mort à son tour, on trouva dans ses papiers une promesse de 30,000 livres faite en sa faveur par la

(1) Reg. 13 du Pays, f° 146.

(2) *Ibidem*, f°s 324 et 326.

(3) Reg. 15 du Pays, f° 99. — Voy. aux Preuves, n° V, le discours qu'il y prononça.

(4) *Ibidem*, f° 105 *verso*.

(5) Archives communales de Lyon, CC. 333.

(6) *Hist. de Prov.*, liv. X, § VI.

marquise, le 20 juin 1670, c'est-à-dire huit jours après l'empoisonnement de son père (1).

Ainsi périt toute la famille de notre malheureux intendant. Bientôt le bourreau exécuta en place de Grève la Brinvilliers et jeta au vent ses cendres, avec lesquelles Madame de Sévigné redoutait de respirer des *esprits empoisonnés*.

Détournons nos regards de ces tableaux sinistres et interrogeons la généalogie de la Potherie, que le départ de d'Aubray laisse pour le moment seul intendant de Provence.

Charles Le Roy de la Potherie, fils de Claude, écuyer et de Charlotte Pinon, était seigneur de Bailly en Brie, de la Marsillière en Touraine et de la Potherie. Il fut fait conseiller au Parlement de Paris le 6 juillet 1605, procureur du Roi au Châtelet le 1er juillet 1609, maître des requêtes de l'Hôtel le 18 avril 1613 et, le 31 octobre 1631, conseiller d'Etat. C'est au mois de mars 1630 qu'on le nomma à l'intendance de Provence ; nous l'avons déjà vu siéger en cette qualité aux Etats de Tarascon ; nous le suivrons encore pendant les années 1631, 1632 et 1633. Il va ensuite administrer successivement la Normandie, la Picardie et la Champagne, où il laisse les meilleurs souvenirs. Le 15 septembre 1647, le Roi le fit commissaire pour les ventes et revenus de son domaine en son château du Louvre. La Potherie mourut le 17 novembre 1661, sous-doyen du conseil d'Etat. Il avait vécu dans l'intimité du prince de Condé, de Mazarin et de Gaston d'Orléans (2).

Il est temps de reprendre l'étude de sa mission en Provence.

En 1631, la Potherie rend de nombreuses ordonnances

(1) Michaud, *Biogr. Universelle*, v° Brinvilliers.

(2) La Chesnaye-Desbois, *Dict. de la Noblesse*, tome XVII, col. 893.

pour favoriser les opérations militaires dirigées par le comte de Soyecourt contre la ville des Baux révoltée (1).

Il est commissaire du Roi avec le conseiller d'Etat Léon Bruslart, aux Etats tenus à Brignoles au mois de décembre 1632 (2). Cette assemblée lui accorde une gratification de 4.000 livres. Nous voyons sa signature au bas du cahier des doléances de la Province (3).

Il prononça un pompeux discours à l'assemblée générale des Communautés, réunie à Manosque au mois de mai 1633 (4). Il assista aussi en août 1633 à celle de Pertuis (5). C'est la dernière à laquelle il ait siégé en Provence.

§ V. — M. DE TALON, CONSEILLER D'ETAT (6)

Voici un intendant dont le pouvoir a été bien éphémère. Son nom ne figure sur aucune liste, et cependant les textes les plus formels nous commandent de l'inscrire sur la nôtre (7).

Jacques Talon, fils du célèbre Omer Talon et de Suzanne Choart de Buzenval, avait été nommé avocat-général au Parlement de Paris en 1621, et entra au Conseil d'Etat en 1631. Il reçut en 1634 la mission de substituer en Provence dans tous les greniers à sel la mesure de France à celle du Pays, et d'établir un tarif de vente plus élevé.

(1) Reg. 15 du Pays.
(2) Reg. 16 du Pays, f° 201
(3) *Ibidem*, f° 276.
(4) *Ibidem*, f° 313.
(5) Reg. 17 du Pays, f° 1.
(6) M. de Talon ne figure pas sur la liste des intendants, donnée par la *Statistique des Bouches-du-Rhône*.
(7) Voy. aux preuves, n° VI, les lettres du Roi du 13 août 1634 le nommant intendant.

Les procureurs du Pays, instruits de l'arrivée de Talon à Tarascon et du but de sa venue, lui envoyèrent, dès le 7 octobre 1634, un messager pour former opposition à cet établissement au nom de la Province (1).

Cet homme arriva trop tard ; déjà Talon avait exécuté les ordres du Roi et partait en carrosse pour Salon (2).

Un autre envoyé put l'atteindre ensuite à Berre, mais, malgré la protestation qu'il remit à l'Intendant, et bien que la Cour des Comptes, par arrêt du 10 octobre, eût ordonné de surseoir à l'établissement des nouvelles mesures, Talon procéda au grenier de Berre comme il avait fait auparavant à celui de Tarascon et partit aussitôt après pour Marseille. Sur la route de cette ville, à Marignane, il rencontra l'assesseur et l'un des Consuls d'Aix, qui venaient eux-mêmes présenter leurs oppositions à toute cette procédure. Il ne se borna pas à mal les recevoir ; comme ceux-ci prenaient congé de lui, il leur enjoignit de demeurer auprès de lui et les mit sous la garde de son escorte. Les pauvres députés ne purent retourner à Aix qu'après avoir vu Talon renouveler à Marseille ses exécutions (3). L'intendant et M. de Ferron, qui l'accompagnait, ne purent établir sans difficulté les nouvelles mesures au grenier à sel de cette ville : le fermier « par une « pure voye de faict et à mains armées de gens de guerre « qui s'y trouvent résista jusques à porter leurs armes « contre les seigneurs Commissaires (4). »

Aucun texte ne donne à M. de Ferron le titre d'intendant, bien qu'il partage la mission de Talon. Le procès-verbal de l'assemblée des Procureurs du Pays, en date du 20 octobre 1634, parle, il est vrai, d'une communication

(1) Reg. 17 du Pays, f° 135 v°.
(2) *Ibidem*, f° 135 v°.
(3) *Ibidem*, f°s 137 et suiv. — Voy. aux Preuves n° VII.
(4) *Ibidem*, f° 152.

qui doit être faite « aux sieurs intendantz (1). » Mais d'une part, Talon et Ferron sont en Provence à cette époque, et, de l'autre, les députés de la Province à la Cour sont chargés de cette communication. Ces intendants doivent donc être des agents subordonnés immédiatement au surintendant des finances et résidant auprès de lui.

Nous voyons d'ailleurs l'année suivante M. d'Emery, « intendant des finances, » venir en Provence pour visiter les fortifications de la côte et « pour le faict de sel, » et l'assemblée particulière, tenue le 17 février 1635 envoie au devant de lui, à Avignon, le vicaire général de Mimata et M. de Beaumont, consul d'Aix. « heu esgard à la qualité « de ce personnage et aux affaires dont il est déllégué, « joict que, par le moyen de sa charge d'intendant, il a « le despartement de cette province (2). »

D'Emery donna droit aux réclamations du Pays puisque, dès le 17 avril 1635, le Roi rétablit par lettres patentes les anciennes mesures en usage dans les greniers à sel (3).

Il est impossible de préciser l'époque du rappel du Conseiller d'Etat de Talon.

En 1635 et au commencement de 1636, il ne paraît pas y avoir d'intendant en Provence. Mais dans cette dernière année se place la mission extraordinaire de Gabriel de Beauvau de Rivarennes, évêque nommé de Nantes, « conseiller du Roi en ses conseils, envoyé par Sa Majesté en ladite province (4). »

(1) Reg. 17 du Pays, f° 155.
(2) *Ibidem*, f° 204, v°.
(3) Reg. 18 du Pays, f° 31.
(4) Voy. plus haut, page 16.

§ XI. — MM. DE LAUZON ET DE CHAMPIGNY

Jean de Lauzon, seigneur de Liroc, était fils de François de Lauzon et d'Isabelle Lotin. Il fut reçu conseiller au Parlement de Paris le 8 février 1613 et maitre des requêtes de l'Hôtel du Roi, le 23 mai 1622. Il devint plus tard successivement : président au Grand Conseil, intendant de Provence, puis de Guienne, gouverneur du Canada et enfin conseiller d'Etat ordinaire (1).

Il est question pour la première fois de Lauzon comme intendant de Provence dans le procès-verbal de l'assemblée des procureurs du Pays ouverte à la fin du mois de décembre 1636. Il est à cette époque à Aix, et il est décidé que les *revues* du régiment de Vitry seront faites en sa présence (2).

Au mois de janvier 1637, il se rend à Marseille, pour faire une enquête sur l'utilité du transfert en cette ville du Bureau des Finances établi à Aix (3).

En cette même année, on adjoignit à Lauzon M. de Champigny comme intendant de Provence.

Quelques détails généalogiques sur ce nouveau personnage trouveront peut-être leur place ici.

François Bochart, seigneur de Champigny et de Saron (4), était fils de Jean Bochart, premier président du Parlement de Paris et de Lia de Vigny. Il fut conseiller au Grand Conseil, maitre des requêtes et Conseiller d'Etat, « Intendant de la justice, police et finances en l'armée et pays de Provence » dès 1637 ; il administra ensuite les géné-

(1) La Chesnaye-Desbois, *Dict. de la Nobl.*, XI, 802.

(2) Reg. 18 du Pays, f° 333.

(3) *Ibidem*, f° 352.

(4) Il est appelé par erreur M. de *Charron* au procès-verbal de l'assemblée particulière du 20 mars 1637 (reg. du Pays, f° 4).

ralités de Grenoble et de Lyon (1), et eut le malheur de se noyer dans cette ville en 1665 (2).

Lauzon et Champigny, au mois de mars 1637, s'occupent d'approvisionner l'armée que le maréchal de Vitry organise pour expulser des îles des Lérins les Espagnols qui s'en sont emparés (3).

Lorsque le comte d'Alais fut nommé gouverneur de Provence en remplacement du maréchal, M. de Lauzon ne se trouvait pas en Provence ; M. de Champigny alla avec le comte de Carces, lieutenant général pour le Roi, le recevoir à Avignon (4).

Il est encore seul commissaire député à la tenue de l'assemblée générale, le 15 mars 1638 (5) ; il demande, au nom du Roi, des subsides pour l'entretien des troupes dans la Province, et promet, ainsi que le comte d'Alais, de faire révoquer des édits créant des collecteurs des communautés, des receveurs du domaine et du taillon dans chaque sénéchaussée. Pendant cette même session, M. de Champigny remit à M. du Perier, assesseur d'Aix, un arrêt du conseil, en date du 7 novembre 1637, par son collègue et ordonnant que la Provence paierait annuellement la somme de 7,200 livres à l'intendant en charge. L'assemblée protesta, disant que cet arrêt avait été rendu « sans ouyr le pays qui n'a jamais esté subject au paie-« ment desdictz appointementz et que si quelque gratiffi-« cation a esté faicte cy devant à Messieurs les Intendans, « ce n'a jamais esté par obligation, ains par pure gratif-« fication (6). »

(1) Archives de Lyon, AA., 85 et 124 ; BB., 217.
(2) La Chesnaye-Desbois, III, 366.
(3) Reg. 19 du Pays, f° 6.
(4) *Ibidem*, f° 113, v°.
(5) *Ibidem*, f° 124.
(6) Reg. 19 du Pays, f° 137, v°.

On renvoya aux prochains Etats la décision définitive de cette affaire.

Ce sursis ne satisfit pas Lauzon, et, à sa requête, une assignation fut faite au trésorier des Etats le 21 mars (1). Un nouvel arrêt du Conseil ayant consacré les droits de l'intendant, une assemblée des procureurs du Pays fut convoquée pour le 24 août 1638 ; elle différa encore la solution (2). Aussi au mois de décembre suivant, Gaillard, trésorier des Etats, reçut un nouveau commandement de payer Lauzon (3). Menacé de la prison, il eut recours aux procureurs du Pays qui se décidèrent le 14 décembre à supplier M. de Champigny de différer l'exécution du décret de prise de corps jusqu'aux prochains Etats (4).

Ces Etats se réunirent à Aix, au mois de février 1639 ; le comte d'Alais, gouverneur; MM. de Champigny, intendant; Capel, trésorier de France et Troulhas, receveur général des finances, y remplirent les fonctions de commissaires du Roi.

L'assemblée délibéra de prendre fait et cause pour son trésorier contre l'intendant Lauzon et donna pouvoir aux procureurs du Pays de traiter le plus avantageusement possible, pour les intérêts de la Province, cette affaire « qui regarde tant l'intherest dudict sieur de Lauzon que « de Monsieur de Champigni, et en laquelle on rancontre « des inconveniantz de quelque costé qu'on la concidère, « y ayant néantmoingz lieu de faire concidération parti- « culière sur les bons offices que la Province a receus « et qu'elle espère encores de mondit sieur de Cham- « pigny (5). »

Après une longue absence, Lauzon revient en Provence

(1) Reg. 19 du Pays, f° 147, *verso*.
(2) *Ibidem*, f° 198.
(3) *Ibidem*, f° 213, *verso*.
(4) *Ibidem*, f° 216.
(5) *Ibidem*, f° 271.

en 1639, pour établir à Forcalquier, à Aix et à Draguignan, les présidiaux qu'on vient d'y ériger. Les procureurs du Pays, réunis le 24 mars, considérant que la multiplicité des officiers de justice engendrait des procès, délibérèrent de former opposition à cet établissement (1), et, le 27, ils députèrent M. Bioule, consul d'Aix à Forcalquier, pour signifier cette opposition à M. de Lauzon (2). L'intendant passa outre ; mais, lorsqu'il fut arrivé à Aix pour y installer cette nouvelle juridiction, il rencontra une très vive résistance de la part du Parlement.

Au mois de juillet 1639, le Roi consentit à supprimer les présidiaux, contre lesquels s'étaient élevés tant d'obstacles (3).

M. de Champigny s'occupa activement, au mois de mai 1639, d'assurer la subsistance des troupes qui traversaient la Provence pour se rendre en Italie (4). Au mois d'octobre de la même année, il reçoit l'opposition des procureurs du Pays à l'enregistrement d'un édit créant de nombreux offices d'experts jurés, de commissaires des inventaires, de contrôleurs des greffes, etc. (5). Nous le voyons remplir les fonctions de commissaire du Roi à l'Assemblée générale des communautés, tenue à Fréjus, en novembre 1639 (6).

Au mois de mars 1640, il rend un jugement sur la *diminution des espèces d'or légères et rougnées* (7).

Il ne siége plus à l'assemblée générale de Brignoles, tenue en mars 1640, et Vautorte, son successeur, est déjà intendant au mois d'août suivant.

(1) Reg. 19 du Pays, f° 291.
(2) *Ibidem*, f° 293, *verso*.
(3) Papon, IV, 500.
(4) Reg. 19 du Pays, f° 317.
(5) *Ibidem*, f° 351.
(6) Reg. 20 du Pays, f° 2.
(7) *Ibidem*, f° 66, *verso*.

Relatons, en terminant la notice de François Bochart de Champigny, qu'il était allié à la famille de son successeur, puisqu'il avait épousé Marie Casset de Vautorte (1). Vautorte, qui le remplaça en 1640, lui rendit, en 1643, comme nous le verrons plus tard, l'administration de la Provence.

§ VII. — M. DE VAUTORTE (2).

François Casset, seigneur de Vautorte, accompagna, au mois d'août 1640, le comte d'Alais, gouverneur de Provence, dans son voyage d'inspection des côtes jusqu'à Antibes (3). On avait signalé l'approche d'une escadre espagnole, et il fallait mettre en état de défense les places du littoral. Il siégea aux Etats tenus à Draguignan au mois de déc... e 1640, comme commissaire du Roi ; les procès-verbaux le qualifient « conseiller du Roy en ses « conseils, intendant de la justice, police et finance en ce « pays et armée de Provence (4). » Il obtint pendant cette session le vote de 400.000 l. pour l'entretien des troupes, et, pour dédommager l'assemblée de cet effort, promit de faire révoquer les édits qui créaient de nombreux offices (5). En vertu d'un arrêt du conseil du 28 mai 1640, il réclama un traitement de 7,200 l., comme ses prédécesseurs ; sous la réserve des droits du Pays, l'Assemblée dit :

« ..... Attendu les soings et les affections particu- « lières de mondit siéur de Vautorte, a pour le bien et le

(1) La Chesnaye-Desbois, III, 366.

(2) M. de Vautorte n'a pas été inscrit sur la liste des Intendants, donnée par la *Statistique des Bouches-du-Rhône*.

(3) Reg. 20 du Pays, f° 122, *verso*.

(4) *Ibidem*, f° 140.

(5) *Ibidem*, f° 160, *verso*.

« soulagement de la Province, dont il a randu et rand « journellement de preuves qui sont cogneues à vu « chascun, a esté donné pouvoir aus dits s[rs] procureurs « du Pays de lui bailler contantemant sur sa demande (1). »

L'assemblée générale des communautés, tenue du mois de décembre 1641 au mois de janvier 1642, à Antibes, accueillit de même les réclamations analogues qu'il lui présenta, et réserva les droits du pays, comme sa devancière (2).

Il en est de même à l'assemblée générale tenue à Brignoles, au mois de février 1643 (3).

Le procès-verbal de l'assemblée particulière du 6 avril 1643 mentionne encore Vautorte comme intendant (4); mais, quelques jours plus tard, le 15, il fut appelé à un autre poste.

§ VIII. — M. DE CHAMPIGNY

François Bochart de Champigny, que nous avons déjà mentionné plus haut, fut renommé intendant de Provence par lettres du Roi en date du 4 mai 1643, en remplacement de M. de Vautorte (5).

L'assemblée particulière des procureurs du Pays, tenue le 14 septembre suivant, fixa ses appointements à 600 l. par mois, comme ceux de ses prédécesseurs, et renouvela les réserves que les autres assemblées avaient faites en accordant à ceux-ci leur traitement.

Champigny siége à l'assemblée générale des communautés, tenue à la Valette aux mois de janvier et de février

(1) Reg. 20 du Pays, f° 172.
(2) *Ibidem*, f° 261, *verso*.
(3) *Ibidem*, f° 315.
(4) *Ibidem*, f° 363.
(5) Voy. aux Preuves, n° VIII.

1644. Il est question dans cette session d'une ordonnance qu'il avait rendue le 7 octobre précédent en conformité d'un arrêt du conseil portant que, dans le délai d'un an, les communautés devaient désintéresser leurs créanciers (1). Outre ses appointements de 7,200 l., il lui est alloué 18,000 l. « à cause de sa commission d'entre les « communautés de ce pays et leurs créantiers, durant « 18 moys (2). » A la fin de la session, « Monseigneur « l'Evesque de Sisteron, au nom de l'assemblée, a remer- « cié mondict sieur de Champigny, commissaire, et luy a « tesmoigné la grande satisfaction qu'elle a eu de son « adcistance, dont elle n'oubliera jamais le souvenir ; « l'auroient accompagné chez lui, et avant que de se « séparer, lesdits sieurs députés s'estant remis en séance, « tous d'un commun accord et consantement, en conci- « dération du voyage et despence de mondict sieur de « Champigny, ont délibéré que, pour aulcunement le « recognoistre, luy sera expédié mandement par Messieurs « les procureurs du Pays de la somme de mil livres (3). »

Le procès-verbal de l'Assemblée générale des communautés, tenue à Ollioules au mois de janvier 1645, nous montre encore l'intendant Champigny remplissant les fonctions de commissaire (4). Nous y voyons aussi qu'il avait jugé un procès entre le Pays et les munitionnaires des troupes, en vertu d'une commission à lui donnée par arrêt du Conseil, et qu'il avait rétabli sur leurs mémoires des articles radiés par la Cour des Comptes (5).

Au mois de janvier 1646, il transmit à l'Assemblée générale, tenue à Lambese, plusieurs lettres de cachet du Roi, notamment une qui ordonnait à la Province d'entre-

(1) Reg. 21 du Pays, f° 74, *verso*.
(2) Reg. 21 du Pays, f° 84.
(3) *Ibidem*, f° 85.
(4) Reg. 21 du Pays, f° 130.
(5) *Ibidem*, f° 163 *verso*.

tenir, moyennant 10 livres par jour, deux archers de la prévôté de l'Hôtel. Les députés réclamèrent énergiquement contre cette demande inusitée (1). La même assemblée eut encore à soutenir une autre lutte contre M. de Champigny : en effet, celui-ci lui présenta des arrêts du Conseil, datés du 15 février et du 24 mars 1645, fixant à 1,000 livres par mois les appointements annuels que lui devait la Province. Ils n'étaient auparavant que de 600 l., ainsi que le portait un arrêt précédent du 29 octobre 1638. Mais, on avait voulu augmenter son traitement, bien diminué depuis deux ans, puisqu'il ne touchait plus l'indemnité de commissaire délégué à la vérification des dettes des communautés. L'assesseur, M. de Blégier, se plaignit de ce que ces arrêts étaient très préjudiciables à la Province, puisqu'ils augmentaient les appointements « non « pas sullement de Monsieur de Champigny, en faveur « duquel l'assemblée seroit obligée d'uzer de gratiffica- « tions, attendu ses mérites et les bons offices qu'il a « rendus à la Province, mais encore de ses successeurs « en ladite intendance. » On prie l'intendant de faire révoquer l'arrêt du Conseil, moyennant quoi la Provence lui paiera pour une fois seulement 4,800 l. (2).

Devant les instances réitérées de M. de Champigny, l'Assemblée des procureurs du Pays nés et joints dut céder, le 9 juillet 1646. Elle fut contrainte de lui allouer les 12,000 livres qu'il réclamait ; mais elle déclara qu'elle n'accorderait jamais semblable somme à ceux qui viendraient après lui (3).

L'Assemblée générale des communautés, ouverte à Draguignan au mois de janvier 1647, crut devoir, pour la forme, désavouer cette décision des procureurs du Pays,

(1) Reg. 21 du Pays, f° 242.
(2) Reg. 21 du Pays, f° 286.
(3) *Ibidem*, f° 312.

tout en validant les paiements qui avaient été faits, mais sans conséquence pour l'avenir (1).

Champigny fut encore commissaire de l'Assemblée générale tenue à La Ciotat en novembre et décembre 1647 (2). Mais son successeur était déjà nommé à cette époque et ne devait pas tarder à venir en Provence.

§ IX. — M. DE SÈVE

L'intendant de Sève, si l'on en croit Maynier, appartenait à une famille d'origine juive, qui a formé plusieurs branches, notamment celle des marquis d'Antibes, en Provence (3).

Il fut préposé à l'administration de la généralité d'Aix par lettres du 29 octobre 1647 ; et, en vertu de ces lettres, il réclama de la Province les mêmes appointements que M. de Champigny. L'Assemblée des procureurs du Pays, en date du 8 avril 1648, décida en effet de lui payer 1,000 l. par mois « sans conséquence », à partir du 1er janvier de cette année (4).

Nous entrons dans une période fort troublée de l'histoire de Provence. Au milieu des événements divers qui s'y succèdent, on perd un peu de vue l'intendant de Sève.

Il est nécessaire de jeter un rapide coup d'œil sur les faits qui se déroulent de 1647 à 1649.

(1) Reg. 21 du Pays, f° 348.

(2) Reg. 22 du Pays, f° 33.

(3) « En l'année 1111, » dit cet auteur, « les Juifs de Toulon s'étant rendus odieux par leurs usures, le peuple les égorgea tous, hors une seule famille du nom de Seve, de la tribu de Lévi, qui ne s'étoit point souillée des vices des autres juifs et qui fut estimée juste. Cette famille a conservé son nom de Seve, de Seva, en embrassant la loy que Dieu luy a inspirée depuis trois siècles..... » (*Hist. de la principale noblesse de Provence*, première partie, p. 254.)

(4) Reg. 22 du Pays, f° 95 *verso*.

Par lettres patentes datées du mois d'octobre 1647, la Cour créa, sous le nom de *semestre*, un nouveau Parlement, qui devait partager avec l'ancien les fonctions de la justice; chacun devait siéger alternativement six mois (1). Le semestre fut établi le 25 janvier 1648. Le peuple prit parti pour les anciens magistrats, et, excité par des hommes masqués, il massacra Philippe de Gueydon, avocat du Roi au siège de Marseille, qui allait acheter une charge de conseiller au semestre. Quinze des membres du parlement furent exilés; mais on les rappela dès le mois d'octobre 1648. Leur retour à Aix donna lieu à des manifestations tumultueuses. Le comte d'Alais, gouverneur de Provence, fut insulté; des rixes se produisirent; on sonna le tocsin et l'on construisit des barricades. Les consuls d'Aix, qui, cette année-là, au lieu d'être élus, avaient été nommés par lettres patentes, faillirent être mis en pièces. Le gouverneur fut gardé comme en ôtage dans son palais, pendant que le parlement cassait le semestre et révoquait les consuls d'Aix.

Le cardinal Bichi, évêque de Carpentras, et le comte de Carces reçurent de la Cour la mission de pacifier les esprits et de ramener la concorde entre le parti du comte d'Alais et celui du Parlement. Leurs négociations obtinrent, le 27 mars 1649, la publication d'un édit qui révoquait le semestre, licenciait les troupes et restituait aux villes d'Aix, d'Arles et de Marseille le droit d'élire leurs officiers municipaux. Des lettres de grâce furent accordées aux personnes qui avaient pris part au soulèvement.

Les Intendants sont, à cette époque, sacrifiés aux Parlements vainqueurs. La déclaration du 18 juillet 1648 révoquant toutes les commissions qui leur avaient été données, exceptait, il est vrai, plusieurs de ces magistrats, entre

(1) Papon, IV, 503.

autres celui de Provence, tout en leur retirant leurs attributions contentieuses (1).

Mais le Roi jugea plus tard nécessaire « de supprimer « cette place par deux déclarations, l'une du mois d'octobre « 1648, et l'autre du 2 avril 1649. En conséquence, le « Parlement défendit à de Sève, intendant de Provence, « d'exercer les fonctions de sa charge, et aux habitans de « le reconnaître, sous peine de mille livres d'amende (2). »

L'arrêt du Parlement, rendu le 12 avril, fut signifié le 19 à l'assemblée des procureurs du Pays (3).

Ainsi donc, nous ne voyons de Sève qu'au moment où il va quitter l'administration de la Provence. L'assemblée générale des communautés, tenue à La Valette au mois de novembre 1649, vote pour la dernière fois le crédit nécessaire au paiement de son traitement jusqu'à la fin du mois de septembre de cette année.

Le cadre que nous avons tracé à cette étude n'embrasse que les Intendants de Provence ; or, de l'année 1649 à l'année 1672, personne ne paraît avoir administré ce pays sous ce nom.

Nous nous proposons cependant, dans le chapitre suivant, de consigner quelques faits de notre histoire locale pendant cette lacune de vingt deux ans environ.

Enfin, ne pouvant consacrer à tous nos derniers Intendants la notice développée que demanderait l'histoire de leur brillante administration, nous donnerons leur chronologie sommaire pour compléter ce travail.

(1) Voy. l'*Etude sur les origines du Contentieux administratif*, par R. Dareste.

(2) Papon, IV, 516. Pour tout ce qui précède, voy. depuis la p. 505.

(3) Voy. aux pièces justificatives, n° IX.

V. — Période Intermédiaire

(1650-1672)

L'accommodement conclu en 1649 par l'entremise du cardinal Bichi entre le comte d'Alais et les Parlementaires, n'était qu'une trêve. Le gouverneur ayant fait venir des troupes du Dauphiné, le Parlement en leva de son côté. D'Alais les battit au Val le 14 juin 1649, puis se disposa à assiéger Aix. Dans l'intervalle, la Cour, à la sollicitation du conseiller de Rians, député du Parlement, envoya M. d'Estampes-Valençay, conseiller d'Etat honoraire, pour rétablir la paix entre les partis (1). Celui-ci échoua dans sa mission, et les hostilités continuèrent encore quelque temps. Enfin le Roi signa à Compiègne, le 10 août 1649, une déclaration en 11 articles qu'il fit porter par M. de Saint-Aignan aux belligérants avec ordre de s'y conformer sous peine de désobéissance.

L'année suivante, une nouvelle mission est donnée à M. de Varennes, conseiller d'Etat, pour affermir l'autorité du Roi et le calme dans la Province (2).

Au mois de mars 1651, un autre conseiller d'Etat, M. de Miromesnil, assiste comme commissaire avec le marquis d'Aiguebonne, lieutenant-général pour le Roi, à l'assemblée des communautés tenue à la Tour-d'Aigues. Le Parlement avait prétendu l'empêcher d'y assister en cette qualité. L'assemblée n'ayant pas voté les sommes que demandait la cour, d'Aiguebonne lui interdit de délibérer sur les

(1) Papon, IV, 524.
(2) Voy. aux preuves, n° XI.

affaires de la Province, et invita ses membres à se séparer (1).

Les procureurs du Pays déposent le 5 avril, entre les mains du juge de Pertuis, une protestation contre la violation des privilèges de la Province (2).

Quelques jours plus tard, réunis en assemblée particulière, ils apprennent que le marquis d'Aiguebonne va, sur simples ordonnances, faire lever des contributions par ses troupes et qu'il prétend obtenir du bureau des finances une imposition pour le quartier d'hiver des troupes (3).

Ces menaces furent mises à exécution (4); aussi, la Province dut-elle députer à Paris le baron de Bras, pour réclamer le maintien des droits des Etats, le remplacement du comte d'Alais, gouverneur, la sortie des troupes qui épuisent le Pays, protester contre des mesures qui le réduisaient au rang de « pays d'élection (5). »

La Province obtint la sortie des troupes et le départ du comte d'Alais. M. d'Aiguebonne ne tarda pas non plus à être rappelé.

En 1654, nous voyons Mgr Serroni, évêque d'Orange, « conseiller du Roi en ses conseils, » transmettre à l'assemblée générale des communautés, tenue à Brignoles, les demandes du Roi ; et, au mois de février de cette année, il accompagne à Pertuis, à Apt et à Manosque le gouverneur, qui va faire « desmonter » les régiments de cavalerie de Canillac, de Gonzague et de Givry (6).

L'évêque d'Orange représenta encore le Roi à l'Assem-

(1) Reg. 23 du Pays, f° 243 *verso* et 265.

(2) *Ibidem*, f° 272 *verso*.

(3) *Ibidem*, f° 276.

(4) Arrêts de la Cour du Parlement du 17 août, et de la Cour des Comptes du même jour, condamnant les ordonnances de d'Aiguebonne. (Reg. 23 du Pays, f°s 374 et 379).

(5) Reg. 23 du Pays, f°s 280 *verso* et 288 *verso*.

(6) Reg. 25 du Pays, f°s 240 et 298.

blée générale de Brignoles, au mois de février 1655 (1), et à celle de Lambesc, au mois de janvier 1656 (2).

En 1655, M. de Champigny, que nous avons déjà vu à deux reprises en Provence, et alors intendant de Lyonnais, est chargé de présider à l'aliénation d'une partie du domaine du Roi (3).

Depuis l'assemblée générale de 1658 jusqu'à l'année 1671, c'est presque invariablement Henri de Forbin-Meynier, baron d'Oppède, premier président du Parlement d'Aix, qui remplit le rôle de commissaire du Roi auprès des mandataires du Pays. C'est sans doute ce qui l'a fait appeler intendant de Provence par certains auteurs (4). Les procès-verbaux des assemblées ne lui donnent jamais ce titre, et l'histoire du Parlement dit seulement qu'il *faisait fonctions* d'intendant (5). Quoiqu'il en soit, il est certain que d'Oppède joua un grand rôle judiciaire, politique, même militaire, comme commandant pour le Roi en l'absence du gouverneur (6). A-t-il joint à ces attributions multiples des attributions administratives? Plusieurs textes autorisent à répondre affirmativement.

Bien que commissaire de l'Assemblée générale de Brignoles, au mois de février 1657, il laissa formuler les demandes du Roi par M. d'Orgeval, « conseiller du Roi en « ses Conseils, maitre des requêtes ordinaire de son « hôtel, commissaire depputé par le Roy à la direction du « payement des troupes et de la justice, police et finances « d'icelles (7). »

(1) Reg. 26 du Pays, du f° 55 au f° 111 *verso*.

(2) *Ibidem*, f° 239.

(3) *Ibidem*, f° 105.

(4) Papon, IV, p. 556; — Maynier, *Histoire de la principale noblesse de Provence*, art. Forbin; — Bareilon, *Critique m. s. du Nobil. de Prov.*, p. 279.

(5) Cabasse, *Essais historiques sur le Parlement de Prov.*, t. II, 438.

(6) Arch. des B.-du-Rh., série B, Cour des Comptes, Reg. *Fulgur*, f° 122.

(7) Reg. 27 du Pays, f° 21 *verso*.

En 1658, d'Oppède, n'ayant pu faire exécuter comme il en avait reçu l'ordre un arrêt du Conseil, rendu le 2 mai, pour assurer le paiement des troupes par la Province publia, le 31 du même mois, une ordonnance prescrivant la levée d'impositions extraordinaires. Cet acte fut cassé par deux arrêts : l'un du Parlement (1), l'autre de la Cour des Comptes, dont les procureurs du Pays ordonnèrent l'enregistrement aux procès-verbaux de leurs séances, l'impression et la distribution aux communautés. Deux nouveaux arrêts, en date du 7 juin, décrétèrent de prise de corps les collecteurs des impositions perçues en vertu de l'ordonnance du premier président (2).

A la suite de troubles graves qui eurent lieu en Provence et en particulier à Aix, où d'Oppède faillit être victime de la fureur du peuple, M. Bazin de Bezons, intendant de Languedoc, reçut la mission d'informer contre les perturbateurs. Nous le voyons, le 30 juin, assigner devant lui, à Montfrin, les consuls d'Aix, considérés comme responsables des désordres (3), et, le 20 juillet, les déclarer déchus de la qualité de procureurs du Pays et leur défendre d'en exercer les pouvoirs. Bezons, assisté de M. de Verthamon, maître des requêtes, rendit aussi à Villeneuve-les-Avignon plusieurs jugements contre les chefs des séditieux (4).

L'assemblée des communautés, ouverte à Lambesc au mois de mars, fut dissoute au mois de mai 1661, pour n'avoir pas accueilli les demandes que lui présentaient au nom du Roi le baron d'Oppède et le comte de Mérinville, lieutenant-général (5). Avertis qu'en présence de cette résistance, la Cour allait envoyer des troupes pour lever les impositions par voie extraordinaire, supprimer les

(1) Cf. Cabasse, *op. cit.*, III, p. 439.
(2) Reg. 27 du Pays, f° 366 *verso*, 371 *verso* et 379.
(3) Reg. 28 du Pays, f° 175 *verso*.
(4) Papon, IV, 577.
(5) Reg. 28 du Pays, f° 297.

assemblées provinciales et soumettre la Provence au régime de *l'élection*, les consuls d'Aix convoquèrent à Barjols pour le 17 juin les députés des communautés, pour aviser au parti que l'on devait prendre pour conjurer les menaces. Mais ceux-ci reçurent dès le 22 l'ordre de se séparer (1).

Le 7 juillet, M. de Machault, maitre des requêtes, assigna à Lambesc le marquis de Solliès, consul d'Aix, le premier président d'Oppède et le lieutenant-général de Mérinville. Il avait mission d'augmenter le prix du sel, et de promettre à la Provence, si elle s'y soumettait, l'exemption ultérieure du logement des gens de guerre (2).

Le lendemain, Solliès présenta à M. de Machault des protestations au nom des conventions précédemment passées, en vertu desquelles la Province s'était rachetée à prix d'argent de tout nouvel impôt sur le sel (3), et demanda l'autorisation de conférer avec les députés des communautés. Ceux-ci se réunirent en assemblée générale à Saint-Remy, le 2 août 1661. Après bien des délibérations, ils consentirent à l'augmentation du prix du sel, et à l'établissement des mesures françaises dans les greniers de Provence, mais stipulèrent de nombreuses conditions, et notamment l'exemption complète du logement des troupes (4).

En 1663, M. de Bezons, intendant du Languedoc, fut chargé par le Roi d'étudier l'opportunité d'un nouvel affouagement des communautés de Provence. Il arriva à Aix le 28 octobre et réunit en sa présence le gouverneur, le premier président d'Oppède et les procureurs du Pays, qui devaient lui fournir les éléments de l'enquête qu'il

(1) Reg. 28 du Pays, f° 314.
(2) *Ibidem*, f° 318 *verso*.
(3) Reg. 28 du Pays, f° 319 *verso*.
(4) *Ibidem*, f°s 333 et suivants.

devait faire (1). Une commission fut nommée pour procéder à cet affouagement ; elle comprit, outre Bezons et d'Oppède, le président de Séguiran, le conseiller de Rafelis-Roquesante et le procureur général de Rabasse-Vergons (2).

Nous retrouvons le premier président d'Oppède et l'Intendant Bezons, représentant l'un la Provence, l'autre le Languedoc, dans une conférence tenue à Tarascon, le 29 avril 1669, pour fixer le lieu où un pont de bois doit être jeté sur le Rhône entre cette ville et Beaucaire (3).

On le voit, d'Oppède a fort souvent été mêlé à l'administration de la Provence. Mais, s'il eût été intendant en titre, aurait-on laissé un intendant du Languedoc s'ingérer dans les affaires de sa généralité ? Champigny, son collègue du Lyonnais, serait-il venu veiller à la stricte observation de l'Edit de Nantes en Provence, comme il le fit en 1662 (4), et comprendrait-on que des arrêts du Conseil eussent cité à la barre de celui-ci tous les propriétaires de péages du Rhône et de la Durance (5) ?

Il est du moins certain que M. de Rouillé ne fut nommé qu'après la mort du premier président.

(1) Reg. 29 du Pays, f° 107.
(2) *Ibidem*, f° 195.
(3) Reg. 31 du Pays, f° 11 *verso*.
(4) Reg. 29 du Pays, f° 27.
(5) *Ibidem*, f° 34 *verso*.

VI. — Chronologie des derniers Intendants de Provence.

(1672-1790)

Comme il est dit plus haut, nous allons brièvement résumer l'histoire de nos derniers administrateurs, cherchant surtout à préciser la durée de leurs fonctions, et comblant les lacunes qu'offre la liste donnée par la *Statistique des Bouches-du-Rhône* (1).

§. I. — M. DE ROUILLÉ DE MESLAY

Jean Rouillé, comte de Meslay, maître des requêtes, était fils de Jacques Rouillé, chevalier, et de Marguerite de Baignaux (2). Il représenta pour la première fois le Roi comme intendant de Provence dans l'assemblée générale tenue à Lambesc au mois de novembre 1673 (3).

Il prononça dans les diverses sessions tenues par les représentants des communautés, de nombreux discours d'un style pompeux et emphatique, qui nous ont été conservés par les procès-verbaux (4).

Rouillé présida à l'embellissement et à l'agrandissement de Marseille (5), dont l'enceinte avait été reculée en vertu

(1) Tom. 2, p. 166.
(2) La Chesnaye-Desbois, XVII, 793.
(3) Reg. 32 du Pays, f° 12.
(4) Reg. 32, f° 127, 225 *verso*, 346; Reg. 33, f° 61 *verso*, 246, 349, 415 v°.
(5) Arch. des B.-du-Rh., C., Intendance, Reg. intitulé : *Agrandissement de Marseille* (1673-1680).

de lettres patentes de 1666. Il fut chargé aussi de la « vérification des dettes de la ville et du commerce de Marseille (1). »

Ses soins à conjurer en 1673 une crise monétaire imminente, lui firent décerner les plus vifs éloges par M. de Corio, assesseur d'Aix, dans l'assemblée tenue à Lambesc à la fin de cette année (2).

Il reçut le 1er février 1674, en l'absence du gouverneur de Provence et de M. de Grignan, une commission de commandant en chef pour le Roi (3). Des pouvoirs semblables lui furent donnés le 25 février 1675 (4) et le 30 décembre 1677 (5).

Lorsque, en 1675 et en 1677, Louis XIV envoya des troupes en Sicile, ce fut Rouillé qui eut à pourvoir à leur subsistance (6). Pour soulager les communautés de Provence, il fit construire aux Iles d'Hyères un vaste camp où le corps d'expédition put attendre le moment fixé pour l'embarquement (7).

En 1678, craignant que sa généralité ne fût en proie à la disette, il écrivit à la Cour et à M. d'Aguesseau, intendant de Languedoc, pour obtenir la libre entrée en Provence du blé des régions voisines (8).

La dernière assemblée générale des communautés, où nous le voyons siéger, est celle qui fut ouverte à Lambesc au mois de novembre 1679 (9). Mais nous trouvons dans les registres du fonds de l'Intendance, des ordonnances de

(1) Archives de la Chambre de commerce de Marseille, BB. 3, f° 238 et suivants.

(2) Reg. 32 du Pays, f° 129 *verso*.

(3) Arch. des B.-du-Rh., série B, Cour des Comptes, Reg. *Ruffus*, f° 40 *verso*.

(4) *Ibidem*, f° 124.

(5) *Ibidem*, Reg. *Jésus*, f° 80 *verso*.

(6) Reg. 32 du Pays, du f° 307 au f° 315, et Reg. 33, du f° 138 au f° 179.

(7) Reg. 33 du Pays, f° 160 *verso*.

(8) Reg. 33 du Pays, f° 374 *verso*.

(9) *Ibidem*, f° 413.

Rouillé en date des 16 et 22 février 1680. Cette dernière subdélègue, pour tout ce qui concerne l'Intendance, M. Louis de Blanc, lieutenant-général en la sénéchaussée d'Aix. Il est dit dans cet acte que Rouillé a reçu du Roi la permission d'aller à Dijon, pour vaquer à ses affaires personnelles (1). Toutes les ordonnances qui suivent, jusqu'à la fin d'octobre 1680, sont rendues par ce subdélégué.

§. II. — M. DE MORANT

Thomas-Alexandre de Morant, seigneur de Solles et de Bonfossé, marquis du Mesnil-Garnier, était fils de Thomas de Morant, qui fut successivement conseiller au Grand Conseil, maître des requêtes et intendant de plusieurs généralités, et enfin conseiller d'Etat.

Il naquit le 21 juin 1642, et fut nommé d'abord, le 19 août 1669, conseiller au Parlement de Paris, puis maître des requêtes le 3 mars 1674, intendant de Bourbonnais en 1675, intendant de Provence le 1er novembre 1680 (2).

Il représenta le Roi aux assemblées générales de 1680 à 1686 (3). Le discours qu'il prononça à celle de Lambesc, au mois de décembre 1680, exalte les bienfaits de la paix procurée à l'Europe par Louis XIV, la répression énergique des duels, les hauts encouragements donnés au commerce.

Il reçut, à trois reprises différentes, les pouvoirs de commandant pour le Roi en Provence, en l'absence du comte de Grignan, lieutenant-général : le 2 décembre

(1) Arch. des B.-du-Rh., série C, Intendance, Reg. d'ordonnances (1673-1680). f° 413.

(2) La Chesnaye-Desbois, XIV, 509.

(3) Reg. 34 du Pays, f° 5, 47, 108, 177, 238, 309 et 393.

1682 (1), le 13 décembre 1684 (2) et le 19 novembre 1686 (3).

Des lettres du Roi ordonnèrent à la Chambre de commerce de Marseille de payer à Morant un traitement annuel de 6,000 livres, « en considération des dépenses « qu'il est obligé de faire pour les affaires du commerce « et de l'obligation dans laquelle cela le met de faire son « séjour dans cette ville de Marseille, et de fréquents « voyages à Aix, où il tient aussi maison et famille « séparée (4). »

Nous trouvons, à la date du 25 mars 1687, un acte au bas duquel l'intendant Morant a apposé sa signature. Son départ de Provence eut lieu peu après cette époque, puisqu'il fut nommé, le 13 juillet 1687, premier président du Parlement de Toulouse.

Il n'exerça ses nouvelles fonctions que jusqu'en 1708. Il se démit de sa charge à cette époque et se fixa à Paris. Il y mourut en son hôtel, rue Saint-André-des-Arts, le 8 juillet 1713 (5).

§. III. — PIERRE-CARDIN LEBRET

Pierre-Cardin Lebret, chevalier, seigneur de Flacourt, Pantin et autres lieux, était fils de Julien Lebret, qui mourut conseiller d'Etat en 1688.

Il fut nommé en 1668 conseiller du Roi en ses conseils,

(1) Arch. des B.-du-Rh., B, Cour des Comptes, Reg. *Miscellanea*, f° 160.

(2) *Ibidem*, Reg. *Legras*, f° 116.

(3) Même Reg., f° 260.

(4) Arch. de la Chambre de commerce de Marseille, BB, 24. — La correspondance de Morant avec la Chambre de commerce se trouve au même fonds, BB, 139, 258 et 261.

(5) La Chesnaye-Desbois, *loc. cit.*

maître des requêtes ordinaire de l'hôtel en 1676, intendant à Limoges en 1681, à Grenoble en 1683, à Lyon en 1686, à Aix en 1687 (1). Un registre d'ordonnances rendues par lui est commencé le 12 juin de cette année (2).

Son nom figure, jusqu'à l'année 1703, aux procès-verbaux de toutes les assemblées des communautés (3).

Le Roi lui donna, le 19 mai 1688, commission pour remplir les fonctions de commandant en Provence, en l'absence du comte de Grignan (4).

Nous voyons Lebret, au mois de février 1689, rendre une ordonnance aux termes de laquelle les *officiers* du Comtat-Venaissin devaient recevoir les mêmes appointements qu'avant la réunion de ce pays à la couronne (5).

On sait que le Comtat avait été confisqué par Louis XIV sur le Pape Innocent XI, pour venger son ambassadeur Lavardin. « Je demande pardon à Dieu, » écrivait Mme de Sévigné, à la comtesse de Grignan (6), « mais le retour de M. de Lavardin me donne une grande joye : je comprends tout le plaisir que vous fait Avignon.... Vous prenez, ma fille, ajoutait-elle, une fort honnête résolution d'aller à *votre terre* d'Avignon, voir des gens qui vous donnent de si bon cœur ce qu'ils donnoient au Vice-Légat. Vous ne pouviez pas mieux prendre votre temps (7)... » Laissons à l'aimable marquise le soin de nous apprendre comment Avignon fut restitué à Alexandre VIII : « Je crois, ma chère fille, écrit-elle le 26 octobre 1689, qu'à l'heure qu'il est, vous n'avez plus votre beau Comtat ; la

(1) La Chesnaye-Desbois, IV, 54.

(2) Arch. des B.-du-Rh., C., Intendance, Reg. de 1687 à 1707.

(3) Reg. 35 du Pays, f°s 78, 143, 235, 355. — Reg. 36 du Pays, f°s 40, 126, 223, 314. — Reg. 37 du Pays, f°s 4, 89, 161, 211, 267, 344. — Reg. 38 du Pays, f°s 21 et 103.

(4) Arch. des B.-du-Rh., B, Cour des Comptes, Reg. *Nobilitas*, f° 94.

(5) Fonds de l'Intendance, registre de 1687 à 1707.

(6) Lettre datée des Rochers, le 5 juin 1689.

(7) Lettre du 8 juin 1689.

première chose que le Roi fait avec ce nouveau Pape..., c'est de lui rendre ce beau morceau qui étoit si fort à votre bienséance ; cette pensée fait la douleur de mon cœur. »

En 1689, Lebret obtint de Louvois la réduction du chiffre des soldats de milice qui devaient être levés en Provence, et l'assemblée particulière des procureurs du Pays, tenue au mois de janvier de cette année, le remercie de son efficace intervention (1).

En 1690, la guerre était déclarée entre la France et la Savoie, et Lebret, appelé à organiser la défense de sa province, qui touchait à la frontière, fit venir de Lyon des armes et des munitions pour la milice (2). Il équipa en grande hâte le régiment de Buous, et se rendit à Digne, à Colmars et à Seyne pour organiser de plus près la résistance (3). Ces deux dernières villes avaient déjà subi les attaques de l'ennemi. Par ses soins, des magasins à fourrages furent créés (4), et l'approvisionnement en fut assuré par de sages mesures (5).

En cette même année, la retraite d'Arnoul de Marin, seigneur de la Châtaigneraie, ayant laissé sans chef le Parlement d'Aix, Lebret fut nommé premier président, le 1er octobre (6). Ainsi se trouvèrent réunies, dans les mêmes mains, les premières fonctions judiciaires et administratives. « L'union de ces charges, dit Cabasse, subsista jusqu'au moment où la Révolution les anéantit sous des ruines communes ; elle ne datait, comme l'on voit, que de la fin du XVIIe siècle, et il est utile d'en faire l'observation, parce que l'on croit assez communément que la

(1) Registre 35 du Pays, fo 122.
(2) *Ibidem*, fo 220.
(3) *Ibidem*, fo 276.
(4) *Ibidem*, fo 299.
(5) *Ibidem*, fo 316.
(6) Archives des Bouches-du-Rhône, B. Cour des Comptes, *registre Nobilitas*, fo 328 *verso*.

réunion de la première présidence à l'intendance du pays, remonte à des temps reculés (1). »

L'historien du Parlement loue Lebret d'avoir rendu à cette compagnie la dignité et le calme que lui avaient fait perdre les rivalités de ses membres et la participation aux luttes politiques (2).

Des menaces d'invasion étrangère se renouvelèrent en 1692, et Lebret, de concert avec le comte de Grignan, pressa l'enrôlement des milices, et réquisitionna quinze cents mulets pour envoyer à l'armée d'Italie que commandait le maréchal de Catinat (3).

Pendant la guerre de la succession d'Espagne, dès la fin de 1700, Lebret créa à Antibes et à Toulon des magasins à fourrages destinés à l'approvisionnement de l'armée que Villeroy conduisait en Italie (4). Il fut chargé pour faire face aux nécessités de cette guerre, d'établir en Provence la capitation, qui ne fut supprimée qu'en 1709.

La dernière assemblée à laquelle assiste Lebret, en qualité de commissaire du Roi et d'Intendant de Provence, est celle qui s'ouvrit à Lambesc le 23 octobre 1703 (5). C'est au commencement de l'année suivante qu'il résigna ses fonctions administratives en faveur de son fils. Il demeura à la tête du Parlement de Provence jusqu'à sa mort, qui eut lieu le 26 février 1710.

(1) *Essais historiques sur le Parlement de Provence*, p. 67.
(2) *Ibidem*, p. 91.
(3) Registre 36 du Pays, f°s 23 *verso* et 170.
(4) Registre 37 du Pays, f° 293 *verso*.
(5) Registre 38 du Pays, f° 103.

§. IV. — CARDIN LEBRET

Pierre-Cardin Lebret, IIe du nom, chevalier, seigneur de Flacourt, Pantin, etc., comte de Selles, fut nommé conseiller au Parlement d'Aix le 17 décembre 1693 (1), maître des requêtes en 1696, Intendant de Béarn en 1701, et de Provence en 1704, sur la démission de son père (2).

Il remplit pour la première fois les fonctions de commissaire à l'assemblée générale du 9 novembre 1704 (3), et continue assidûment à siéger dans les assises provinciales.

Nous le voyons, en 1706, lever des troupes de milices pour appuyer l'armée du maréchal de Berwick, qui devait bientôt s'emparer de Nice (4).

Mais les revers des troupes françaises sous Turin livrèrent la Provence à la merci des Impériaux coalisés avec le duc de Savoie. Celui-ci passa le Var et vint, avec le prince Eugène, mettre le siège devant Toulon, qu'une flotte anglaise bloquait par mer. Dans ces circonstances critiques, le patriotisme des Provençaux ne faiblit pas. Tous rivalisèrent de générosité et de courage. Comme l'argent manquait absolument pour faire face aux besoins des troupes, le comte de Grignan et l'Intendant Lebret portèrent leur vaisselle à la Monnaie de Marseille (5). Un très grand nombre de nobles et riches familles suivirent cet exemple. A l'aide de secours improvisés, et aidé par Grignan et

(1) Arch. des B.-du-R., B., Cour des Comptes, Reg. *Patientia*, fo 139.

(2) La Chesnaye-Desbois, IV. 54. — C'est à tort que la *Statistique des Bouches-du-Rhône* (T. II, 166) ne l'inscrit sur la liste des Intendants qu'à partir de 1707.

(3) Reg. 38 du Pays, fo 181 ; Reg. 39, fos 94, 160, 277, etc.

(4) Reg. 39 du Pays, fo 8 verso.

(5) Augustin Fabre, *Hist. de Prov.*, IV, 205

l'Intendant, qui avaient encouragé le peuple à une héroïque résistance et secondé, par tous les moyens, les opérations militaires, le maréchal de Tessé put faire pénétrer des renforts dans Toulon et, le 22 août, le siége fut levé par les alliés.

Le Roi écrivit au comte de Grignan le 30 novembre 1707 une lettre exprimant la satisfaction que lui faisait éprouver la fidélité des Provençaux. Papon cite avec éloge Lebret, parmi ceux qui contribuèrent le plus efficacement au succès de la résistance (1).

Il fut nommé premier président du Parlement de Provence, en remplacement de son père, le 20 avril 1710 (2). L'historien de cette compagnie nous dit qu'elle accueillit ce choix avec faveur (3).

Cardin Lebret dut encore, en 1710, faciliter les approvisionnements de l'armée des Alpes, que commandait le maréchal de Berwick (4), et, informé de la marche des ennemis sur le col de Tende, il demanda instamment aux procureurs du Pays la rectification du chemin de Colmars à Entrevaux, qui pouvait permettre aux Français de les gagner de vitesse (5).

En 1712, l'Intendant multiplia les démarches et les efforts pour éviter à la Provence les horreurs de la famine. Il obtint la libre entrée dans sa généralité des blés qu'il avait demandés à M. de Basville, son collègue du Languedoc, et fit conclure un traité entre le Pays et l'un des munitionnaires de l'armée d'Espagne pour assurer la

(1) *Hist. de Prov.*, IV, 633. — Le marquis de Mirabeau raconte que Lebret ne pouvant plus, dans ces temps difficiles, contracter un emprunt pour la Province, s'engagea personnellement pour une somme de 500,000 l. (*Mémoire sur les Etats provinciaux*, 2e part., sect. VI, p. 78).

(2) Arch. des B.-du-R., B., Cour des Comptes, Reg. *Nox*, fo 357.

(3) Cabasse, *Essais histor. sur le Parl. de Prov.*, III, 116.

(4) Reg. 39 du Pays, fos 247 et 356 *verso*.

(5) Reg. 39 du Pays, fos 367 *verso* et 372 *verso*.

subsistance du peuple, et empêcher que les céréales n'atteignissent un prix exorbitant (1).

Ces bienfaits ne furent pas oubliés par la Provence et, le 11 avril 1713, l'assemblée des procureurs du Pays décida qu'elle tiendrait sur les fonts baptismaux l'enfant que l'Intendante allait mettre au monde (2).

Nos historiens parlent des sages mesures que prit Cardin Lebret lors de l'affreuse peste de Marseille en 1720. Il fit notamment fournir des chaussures et des vêtements aux galériens employés à enterrer les morts, et procura aux habitants et aux hôpitaux de l'argent, des vivres, des secours de toute espèce (3). Sa prévoyance ne put malheureusement empêcher la contagion de se répandre dans la Province, et en particulier dans les villes d'Aix et de Toulon, où elle fit de nombreuses victimes.

En 1731, le dénouement devant le parlement d'Aix d'un procès célèbre, causa une agitation et des troubles que l'intendant voulut réprimer. Il fit venir des troupes en cette ville et sollicita des lettres de cachet pour éloigner ceux qui avaient excité cette sorte de sédition, notamment, dit-on, contre la marquise de Simiane, fille du comte de Grignan. La fille du Régent, qui devint duchesse de Modène, et qui était liée avec la marquise d'une amitié très étroite, arrêta les lettres par lesquelles l'intendant demandait son éloignement.

Or, quelques années après, la duchesse de Modène passant en Provence, Lebret vint la recevoir à Marseille le 13 octobre 1734. Il rencontra chez elle Mme de Simiane, et Roux-Alphéran (4) nous rapporte le colloque qu'il eut

(1) Reg. 40 du Pays, f°s 193 *verso* et 210 *verso*.

(2) *Ibidem*, f° 303. — Voyez aux preuves, n° XII.

(3) Papon, IV, 672. — Consulter aussi l'*Histoire de la dernière peste de Toulon, Marseille et Aix, par M. Martin*, Paris, 1732.

(4) *Rues d'Aix*, II, 203, v[e] Cours. — Voyez aussi Cabasse, *Essais historiques sur le Parlement de Provence*, IV, 281.

devant elle avec la duchesse : « Que diriez-vous, Monsieur, » lui dit celle-ci, « d'un homme qui ayant sollicité les rigueurs de la Cour contre une personne d'une opinion opposée à la sienne, accablerait néanmoins cette personne de prévenances et de marques d'attachement ? » — « Je dirais », répondit M. Lebret, « que cet homme est un monstre. » — « C'est vous qui l'avez dit, » répliqua la princesse, « et vous êtes ce monstre. Voilà les lettres que vous avez écrites contre *ma chère maman* (c'est ainsi qu'elle appelait par amitié Mme de Simiane). » L'intendant, atterré par cette attaque inattendue, se retira aussitôt. Il mourut la nuit suivante. Les échevins de Marseille, prévenus dès le matin du 14, envoyèrent des courriers à la Cour, au Parlement et au comte de Selles, fils aîné de Lebret. Le soir du même jour, « d'ordre des parents du défunt, le corps fut ouvert par deux chirurgiens, présents Messieurs Bertrand, Reymond et Michel, médecins, qui ont observé que toutes ses parties internes étoient saines, mais que le poumon étant gorgé de sang, il s'en était suivi un catharre suffocant qui l'avait étouffé. Advenant le lendemain 15me, le corps a été transporté à Aix par un carrosse de sa maison qui a été envoyé (1). »

Lebret fut très aimé des Provençaux. Leurs organes les plus autorisés, les procureurs du Pays, donnèrent un témoignage public et solennel de leur estime au magistrat et à l'administrateur, en délibérant que son portrait, accompagné de l'inscription la plus flatteuse, serait placé dans la salle de leurs délibérations (2).

Les prud'hommes pêcheurs de Marseille, reconnaissants de la protection de Lebret, firent faire son oraison funèbre dans notre vieil idiome alors décrié, mais qui a depuis

(1) Archives de la Chambre de commerce de Marseille, *Cérémonial* (1679-1840).

(2) Ass. part. du 14 mars 1727.— Voyez pièce justificative n° XIII.

connu, grâce à nos modernes *félibres*, les gloires d'une florissante renaissance (1).

Il ne fut pas immédiatement pourvu au remplacement de Cardin Lebret. Nous en trouvons la preuve au procès-verbal de l'assemblée générale des communautés qui s'ouvrit à Lambesc le 15 novembre 1734. Le Roi y fut représenté par M. de Félix du Muy, comte de la Reinarde et de Grignan, commandant en chef en Provence, et « commissaire départi par Sa Majesté audit Pays (2). » Ce titre de *commissaire départi* s'appliquait toujours aux intendants. Cependant M. du Muy paraît n'en avoir fait les fonctions que par *intérim*.

§. V. — JEAN-BAPTISTE DES GALLOIS DE LA TOUR

Jean-Baptiste des Gallois, chevalier, seigneur de la Tour, vicomte de Glené, était fils de Pierre des Gallois et d'Anne Le Gendre de Saint-Aubin. Il fut successivement conseiller au parlement de Paris, maître des requêtes de l'hôtel, intendant de Poitou, puis de Bretagne en 1728, enfin de Provence en 1734 (3). Il dut donc venir dans cette généralité aux derniers jours de l'année, puisqu'il ne siégeait pas encore à l'assemblée du mois de novembre.

Il fut reçu premier président du Parlement d'Aix le 24 mai 1735 (4), et l'historien de cette compagnie vante

(1) « *Arresoun funebro de Messiro Cardin Lebret, counsellier d'Estat, premier president, intendan per lou Rey en Prouvenço,* « prounounçado lou 12 mai 1735, dins l'égliso de Sant-Laurent, en pre- « senço de Messiès Carle, Floux et Loumbard, prudomes de Marsillo, « per Messiro Pourriero, curat de la paroisso de Sant-Ferréol. »

(2) Reg. 46 du Pays, f° 18.

(3) La Chesnaye-Desbois, VIII, 882.

(4) Arch. des B.-du-Rh., B., Cour des Comptes, Reg. *Andreo*, f° 3.

« sa modération et sa sagesse (1). » Son premier soin fut de faire rappeler par le cardinal de Fleury ceux contre lesquels Lebret avait fait lancer des lettres de cachet lors des troubles qui avaient agité Aix.

M. de La Tour prit part de 1735 à 1744 aux travaux de toutes les assemblées générales des communautés (2). Il assiste encore comme commissaire du Roi à celle du 9 novembre 1744, mais c'est la dernière, et bientôt il se démet de ses fonctions administratives en faveur de son fils, se bornant à demeurer à la tête de la magistrature provençale. Il mourut le 7 mars 1747.

§ VI. — CHARLES-JEAN-BAPTISTE DES GALLOIS DE LA TOUR

Charles-Jean-Baptiste des Gallois, marquis de Saint-Aubin, vicomte de Glené, seigneur de La Tour, Chazelles, Dompierre, etc., naquit le 12 mars 1715. Il fut, au mois d'août 1735, nommé conseiller au Parlement d'Aix, maître des requêtes de l'Hôtel le 7 août 1738, conseiller au Grand Conseil le 10 septembre suivant, président le 18 mai 1740 (3).

Son père ayant, en 1744, donné sa démission d'Intendant de Provence, il fut appelé à le remplacer dès cette année ; il faut donc signaler ici une erreur de la *Statistique des Bouches-du-Rhône*, quand elle inscrit La Tour dans la liste des Intendants seulement à la mort de son père (4). Il siège déjà en cette qualité à l'assemblée générale du 16 novembre 1745 (5), et représente désormais le Roi

(1) Cabasse, III, 284.
(2) Registres 46, 47 et 48 du Pays, *passim*.
(3) La Chesnaye-Desbois, VIII, 882.
(4) Tome II, p. 166, table chronologique.
(5) Registre 48 du Pays, f° 51.

chaque année auprès des représentants du Pays (1), sauf en 1746, époque à laquelle les armées coalisées de l'empire et du roi de Sardaigne envahirent et ravagèrent la Provence. L'Intendant eut à concerter avec le maréchal de Belle-Isle toutes les mesures qui furent prises pour arrêter les ennemis. Bientôt, grâce aux dispositions de l'homme de guerre et de l'administrateur, son utile auxiliaire, Antibes, assiégée, fut secourue, les îles de Lérins reprises, et les alliés repassèrent le Var dès le mois d'avril de l'année suivante.

Nous avons vu plus haut que Jean-Baptiste des Gallois de La Tour était mort le 7 mars 1747. Avait-on donné à son fils la survivance de sa charge de premier président ? C'est probable, car il est dit en avril et en novembre 1747, « nommé par le Roy » à cette charge ou « pourveu par Sa Majesté » du même office (2). Mais le 4 mai 1748, il est reçu premier président (3) et en prenait le titre officiellement au procès-verbal de l'assemblée tenue à Lambesc au mois de novembre suivant (4).

Depuis qu'il fut revêtu de ces hautes fonctions judiciaires, M. de La Tour habita presque toujours à Aix, dans l'hôtel où avaient vécu son père et les deux Lebret ; cet hôtel avait fait donner le nom de rue de l'*Intendance* à la voie sur laquelle il était situé (5). Cependant, nommé par arrêt du Conseil du 21 octobre 1759 inspecteur du commerce et président de la Compagnie d'Afrique, il conserva avec Marseille les plus fréquentes relations (6).

Sous son administration, de grands travaux furent entrepris en Provence : création de canaux dérivés de la

(1) Du registre 48 au registre 53 *passim*, et du registre 54 au registre 58.

(2) Registre 48 du Pays, f°s 111 et 149 *verso*.

(3) B. Cour des Comptes, registre *Fontenoy*, f° 113.

(4) Registre 48 du Pays, f° 191 *verso*.

(5) Ce nom a depuis été changé en celui de *rue du Louvre*. (Roux-Alphéran, *rue d'Aix*, II, 246).

(6) Archives de la Chambre de Commerce de Marseille, BB. 13.

Durance (1); endiguements de cette rivière et du Rhône (2); améliorations des ports de Tarascon, de Bouc (3) et d'Antibes (4); dessèchement des marais de Fréjus (5); réparation des monuments romains de Saint-Remy (6); construction d'un palais de justice et de prisons à Aix (7), etc.

En 1760, un traité de paix ayant cédé à la France plusieurs communautés qui faisaient partie de la Savoie, La Tour fit ordonner un nouvel affouagement (8).

Louis XV ayant eu des démêlés avec le Pape Clément XIII, donna ordre au Parlement de Provence de saisir le Comtat-Venaissin. Le 9 juin 1768, cette cour nomma pour en prendre possession, au nom du Roi, l'Intendant La Tour, premier président, le procureur-général de Monclar et neuf conseillers. Le 11, le comte de Rochechouart, à la tête d'un petit détachement de troupes, se présenta avec les commissaires devant Avignon et somma le Vice-Légat de se retirer (9). Depuis ce coup d'état, M. de La Tour s'intitule « Intendant de police, justice et finances de Provence, Avignon et Comtat-Venaissin (10). »

(1) Assemblées générales du mois de novembre 1751, du mois de décembre 1783.

(2) *Ibidem*, et assemblées générales de décembre 1753, de décembre 1754, de décembre 1757, de février 1762.

(3) Assemblée générale de décembre 1754.

(4) Assemblée générale de novembre 1766.

(5) Assemblée générale de décembre 1783.

(6) *Ibidem*.

(7) Assemblée générale de décembre 1784.

(8) Assemblée générale de janvier 1761. Voir B., Cour des Comptes 3301 : « *Cadastre formate dalle communità delli infrascritti luoghi della valle di Barcelona : Archia, Barcelona (cioè adroit Faucon, adrechio San Ponzio, Ubach San Pons), Giausier, Lauzet, Mairones. Méolans.* »

(9) Aug. Fabre, *Histoire de Provence*, IV, 331.

(10) Voir notamment registre 53 du Pays, Assemblée générale, octobre 1770.

Peu après, la disgrâce de M. de Choiseul et le changement de politique du chancelier de Maupeou eurent leur contre-coup en Provence. Le 15 septembre 1771, M. de Rochechouart, lieutenant-général, commandant en chef en Provence, reçut l'ordre de dissoudre le Parlement d'Aix (1).

Le 1er octobre, il s'acquitta de son mandat et fit tenir à chacun des membres de la Cour une lettre de cachet qui l'exilait dans ses terres. Il substitua au Parlement la Cour des comptes de la Province en vertu des pouvoirs qu'il avait reçus (2).

Le premier président fut frappé à la tête de sa compagnie, et perdit à la fois, avec sa suprême magistrature, le titre d'Intendant.

Plus tard, il recouvrera l'un et l'autre ; voyons maintenant à qui fut confiée l'administration de la Provence.

§. VII. — ANTOINE-AUGUSTE-JEAN-BAPTISTE AUGET BARON DE MONTYON (3)

Antoine-Auguste-Jean-Baptiste Auget, baron de Montyon, maître des requêtes, conseiller du Roi en ses conseils, avait été d'abord Intendant d'Auvergne, où son administration laissa de si profonds souvenirs que les villes de Mauriac et d'Aurillac lui élevèrent des monuments et donnèrent son nom à des promenades publiques. Nommé Intendant de Provence, il arriva à Aix le 6 octobre 1771.

(1) Archives des Bouches-du-Rhône. Cour des Comptes, registre *Maupeou*, f° 1.

(2) Archives de Bouches-du-Rhône, même registre, f° 5.

(3) Montyon a fait l'objet d'un très intéressant discours prononcé par M. G. de Mougins-Roquefort, à la rentrée de la Société de Jurisprudence d'Aix, en 1886. Nous emprunterons plusieurs renseignements à ce discours.

Dès le mois de novembre suivant, il assiste, comme intendant de Provence, d'Avignon et du Comtat Venaissin, à l'assemblée générale des communautés (1).

Non seulement il donnait tout ses soins à l'administration de la Provence, mais il encourageait les arts et les lettres, et l'Académie de Marseille, ainsi que l'Académie de peinture et de sculpture de cette ville l'admettaient dans leur compagnie. Le directeur de l'Académie de Marseille, en lui parlant de son élection, lui disait : « Ce choix qui, pour « tout autre, ne serait que l'affirmation du mérite et des « talents, est encore pour vous le prix des services et des « bienfaits. »

Les Marseillais avaient bien le droit de parler des services et des bienfaits de Montyon, qui lorsque les crédits avaient été refusés pour le curage du port, faisait comme particulier ce qu'il ne pouvait faire comme administrateur.

« J'ai donné des ordres pour le curage du port dans « la forme ordinaire », écrivait-il au Roi, « et j'ai payé « de mon argent ; depuis, cette dépense m'a été rem« boursée par ordre du ministre. »

En 1773, quand la disette menaçait notre ville, l'Intendant, interprétant les ordres de la Cour qui interdisaient la libre circulation des grains dans le port de Marseille, réussit à assurer la subsistance à une population en détresse qui sut lui conserver une reconnaissance sincère.

Marseille marqua aussi sa gratitude à Montyon pour la part très active que prit ce magistrat à la transformation en place publique du *Champ-Major*, en lui donnant son nom (1).

Ce n'est pas dans son court passage en Provence, ni

(1) Reg. 53 du Pays.
(1) Aug. Fabre, *Rues de Marseille*, v° Place Montyon.

dans la Saintonge qu'il administra ensuite, ni comme conseiller d'Etat et secrétaire du comte d'Artois, que Montyon a rendu son nom célèbre. Sa gloire est attachée à la fondation de ces prix de vertu dont l'Académie française est restée la dispensatrice.

Il était encore intendant le 9 août 1773. Ce jour-là, le duc de la Vrillière répond à une lettre par laquelle il lui avait annoncé qu'un vol à main armée avait été commis en Crau (1).

Montyon revint en France à la Restauration, après avoir émigré, et mourut le 29 décembre 1820.

§. VIII. — GABRIEL SÉNAC DE MEILHAN

Gabriel Sénac de Meilhan était fils de Jean-Baptiste Sénac, premier médecin du roi Louis XV. Il naquit en 1736. Devenu maître des requêtes de l'Hôtel, il fut nommé intendant d'Aunis en 1766 (2).

Dès le mois de septembre 1773, il avait remplacé Montyon comme Intendant de Provence (3).

Meilhan était en correspondance avec Voltaire.

Pendant son administration, il favorisa de tous ses moyens l'emploi de la remise sur le prix du sel à l'établissement du cours des Capucines et des Lyonnaises à Marseille (4). Aussi le conseil de Ville, sur la proposition du Maire, s'empressa de donner par acclamation, dans sa

(1) Arch. des B.-du-Rh., série C., fonds de l'Intendance, f° 116.

(2) Arch. des B.-du-Rh. série C., fonds de l'Intendance, 116.

(3) *Ibidem.* — Requête de la corporation des Selliers à lui adressée, le 29 septembre 1773.

(4) Aug. Fabre, *Rues de Marseille*, V, 169.

séance du 8 avril 1775, le nom d'Allées de Meilhan à cette promenade (1).

Le nom de Sénac fut aussi donné à une rue de cette ville.

Le rappel du Parlement au commencement de l'année 1775, mit fin aux pouvoirs de Sénac de Meilhan, puisqu'il remettait en faveur M. de La Tour.

Meilhan émigra en 1792 et mourut en 1803 à Vienne (Autriche).

§ IX. — CH.-J.-B. DES GALLOIS DE LA TOUR DE GLENÉ.

Louis XVI, à son avènement, choisit pour ministre le comte de Maurepas, et l'un de ses premiers actes fut le rappel des Parlements exilés par le chancelier Maupeou.

Le comte de Rochechouart et le conseiller d'Etat de Marville reçurent la mission de rétablir en particulier le Parlement de Provence (2).

Le premier président de La Tour reprit presque simultanément ses fonctions administratives et ses attributions judiciaires.

Le 29 décembre 1774, il avait été de nouveau nommé inspecteur du commerce et président de la Compagnie Royale d'Afrique (3) ; la Chambre de Commerce, le 1er février 1775, lui offrit un banquet « pour célébrer son re« tour et lui marquer la joie qu'elle en ressent (4). »

En 1781, l'intendant, agissant au nom du Roi, en vertu d'une commission spéciale, vendit à la Communauté de

(1) Arch. Comm. de Mars., Délibér., munic., Reg. 176, f° 25 *verso*, 26 *verso* et 28 *verso*.

(2) Aug. Fabre, *Hist. de Prov.*, IX, 339.

(3) Arch. de la Ch. de Comm. de Marseille, AA. 95.

(4) *Ibidem*, BB. 16.

Marseille les terrains et les bâtiments de l'Arsenal des Galères (1).

Sur cet emplacement, de nouvelles rues furent tracées, et l'une d'elles reçut le nom de La Tour, une autre celui de Glené (2). Si l'on en croit un biographe malveillant, M. de La Tour aurait sacrifié pour une actrice la belle horloge du parc de cet arsenal (3).

En 1787, notre intendant figura à la première Assemblée des Notables, avec le procureur général de Castillon et M. d'Isnard, maire de Marseille, avec Monseigneur de Boisgelin et Monseigneur Du Lau, qui devait périr dans la tourmente révolutionnaire (4).

A la fin de cette même année, la Provence obtint, du Roi Louis XVI, la faveur qu'elle avait vainement sollicitée pendant les règnes de Louis XIV et de Louis XV : le rétablissement de ses Etats. Ils furent ouverts, à Aix, le 30 décembre 1787, et une médaille commémorative fut frappée à l'occasion de ce grand événement.

La Tour siège encore comme commissaire du Roi à l'Assemblée générale des Communautés, tenue à Lambesc au mois de mai 1788, et cette Assemblée lui décerna une médaille sur laquelle était gravée cette inscription :

LE TIERS-ÉTAT DE PROVENCE
A CHARLES-JEAN-BAPTISTE DES GALLOIS DE LA TOUR,
INTENDANT DU PAYS,
SON AMI DEPUIS PLUS DE QUARANTE ANNÉES

Plus tard, le peuple, oubliant les services de ce magistrat pour ne plus voir en lui que celui qui avait voulu

(1) L'acte de vente, du 3 sept. 1781, fut imprimé, à Paris, chez Simon.

(2) Voir le *plan de Marseille*, dédié, en 1785, au maréchal prince de Beauvau, gouverneur de Provence, par le lieutenant-colonel de Pierron.

(3) *Les Époques désirées*, ou abrégé de la vie de M. de La Tour, Paris, Vandervard, in-12.

(4) Aug. Fabre, *Hist. de Prov.*, IX. 356.

contenir sa fureur et réprimer ses excès, brisa les coins de cette médaille et accabla d'outrages celui qu'il avait autrefois acclamé.

A cette même époque, le Parlement d'Aix protesta contre la réforme judiciaire inaugurée par le cardinal de Brienne. Le 8 mai 1788, le marquis de Miran, lieutenant général, assisté du conseiller d'Etat Pajot de Marcheval, exigea de lui l'enregistrement des nouveaux édits qui établissaient dans son ressort deux bailliages, l'un à Aix, l'autre à Digne, convertissaient les sénéchaussées en présidiaux, supprimaient les tribunaux d'exception et créaient, à Paris, une cour plénière chargée de juger les magistrats et d'enregistrer les édits royaux (1).

Lorsque le comte de Caraman fut envoyé en Provence, comme commandant en chef, La Tour, tout en lui souhaitant la bienvenue, n'hésita pas à exprimer ses vœux pour le retrait de ces édits que la magistrature considérait comme la ruine de ses droits (2).

Au commencement de l'année suivante, le 29 janvier 1789, M. de La Tour assiste comme commissaire aux Etats de Provence, qui allaient tenir à Aix une nouvelle session. Le Tiers-Etat ayant, dans cette assemblée, demandé le vote par tête et non par ordre et une plus large représentation des communes, l'intendant et le comte de Caraman déclarèrent ces vœux « irréguliers, illégaux, « téméraires, attentatoires à l'autorité souveraine. »

Les esprits étaient déjà dans l'effervescence. Des troubles se produisirent à Aix, à Manosque, à Marseille et à Toulon.

Le Parlement nomma des députés pour exposer au Roi les dangers de la situation; il avait, entre autres, désigné le premier président qui ne voulut pas quitter son poste dans des circonstances aussi critiques.

(1) Aug. Fabre, *Hist. de Prov.*, IV, 365.
(2) Cabasse, *op. cit*, III, 460.

Cependant, Marseille, qui avait été plusieurs fois le théâtre de séditions, tendait à se proclamer indépendante et le Conseil de ville, sous la pression de la garde bourgeoise, avait été contraint d'admettre dans son sein des citoyens de toutes les classes et des députés de toutes les corporations (1).

Redoutant l'anarchie, et alarmé de l'attitude des Marseillais, M. de La Tour demanda au ministère d'envoyer des troupes. Le comte de Caraman marcha sur Marseille avec huit mille hommes ; mais il fut contraint de les laisser hors la ville et entra seul au milieu de la garde bourgeoise. Il voulut réformer cette garde et réduire le Conseil municipal à ses proportions primitives. Il ne put réussir dans son dessein, et le Conseil, irrité des mesures de répression prises par l'intendant, le déclara, dans sa séance du 30 juillet, auteur des calamités de la Provence, et fit publier à son de trompe cette délibération.

Louis XVI voulut lui-même écrire à M. de La Tour pour le venger de ces odieuses imputations : « Les calom-« nies qu'on a répandues sur votre compte, » lui disait-il, « m'ont fait beaucoup de peine et ne doivent pas vous « affecter. Je connais la bonté, la longueur de vos « services et vous devez toujours compter sur mon « estime (2). »

Au mois d'août 1789, une collision éclata encore à Marseille entre le peuple et la garde bourgeoise ; le sang fut répandu, des scènes de pillage se produisirent. Cette situation préoccupa à bon droit l'Assemblée Nationale, qui envoya le conseiller d'André, député d'Aix, comme commissaire pour apaiser les troubles.

Une procédure prévôtale dut être ouverte par MM. de Bournissac, prévôt général de la maréchaussée ; de Cho-

(1) Aug. Fabre, *Hist. de Prov.*, IV. 399.

(2) Cabasse, IV, 476.

mel, lieutenant criminel en la sénéchaussée, etc. Mais la marche de la justice fut systématiquement entravée par les anarchistes, et même par la municipalité.

L'année suivante devait être signalée par de nouveaux excès, et le major de Bausset allait devenir la victime d'une foule en délire.

Mais, avant cette époque, le Roi avait, le 26 février 1790, sanctionné le décret de l'Assemblée Nationale qui divisait la France entière en départements.

C'est, avec la fin de notre province, le coup de grâce donné à l'institution de l'Intendance.

Dépouillé de son titre, M. de La Tour ne voulut pas conserver les fonctions d'inspecteur du commerce; il s'en démit le 21 août 1790 (1).

Le 27 décembre de la même année, le Parlement tenait sa dernière séance, et l'ancien assesseur Pascalis saluait encore une fois à la barre ces magistrats qui avaient si souvent défendu les franchises provençales.

M. de La Tour fut assez heureux pour échapper à la tourmente révolutionnaire. Il mourut à Paris, le 21 janvier 1802.

Son fils, Etienne-Jean-Baptiste de Gallois de La Tour, qui avait été reçu conseiller au Parlement d'Aix en 1770, fut nommé en 1788 évêque du nouveau siège de Moulins, mais ne put en prendre possession. Il fut, en 1817, archevêque de Bourges et mourut en 1820. Il traversa la Provence en 1816, ramenant de Trieste les corps de Mesdames Adélaïde et Victoire de France, tantes du Roi Louis XVI, mortes pendant l'émigration en 1799.

(1) Arch. de la Ch. de Comm. de Marseille, AA. 13.

Pièces Justificatives

I

Extrait des procès-verbaux des États tenus à Marseille au mois de février 1578 (séance du 22 février.)

Au nom des Consuls de plusieurs communautés, Louis Levesque, sieur de Rougiers, se plaint « du peu de dilligence qu'a fait le sieur président des Arches aulx procès et affaires desquelz il a charge, ne pouvant avoyr justice, quelques poursuites et dilligences qu'ils ayent sceu fere durant le temps que il a demuré en ce pais, où il y a plusieurs qui se ensuivent après à grands fraiz et despens ; mesmes touchant les procès et differentz que sont entre les communes de ce pays pour estre payées de ce que leur est deub, ne pouvant avoyr leurs pappiers ny ordonnances, de manière qu'on veoid que il deppend plus d'vng quartier que d'autre, et, en lieu de mectre vng accord et appoinctement, lesdictes communes elles entrent tousjour en plus grands procès et différent. Et encores dernièrement luy, comme procureur du pays, presenta requeste audit sieur président pour avoyr décret ad ce que nous feust permis d'exequuter les lettres obtenues par le pais sur le faict des tailles contre M^rs les officiers de la Justice ; ce que il n'auroyt tenu compte de fere et qu'il treuveroyt bon que on le feist entendre au Roy, et le supplier voulloyr révocquer led. sieur président de sa commission et nous envoyer par deçà autre sur-intendant à la Justice, comme estant le susdit sieur grandement suspect à la plus grand'partie dudit pais.

« Après laquelle remonstrance exsécutivement led. sieur d'Auribeau, accesseur et procureur dud. pais, se seroyt levé et remonstré sur ce propos que plusieurs communes se seroyent plainctes de ce que, combien led. sieur président ayt faict certaine ordonnance à Orgon, au moys d'octobre dernier, laquelle pouvoyt grandement servir à l'appoinctement des différentz d'entre lesdites communes, toutesfoois il n'en auroyt voulleu expédier extraictz signés, et pour ce seroyt bon de depputer quelque personnage pour, de la part des Estatz, requérir led. sieur président de voulloir bailher lesditz extraictz signés à ceulx qui les demanderont et a requis sur le tout estre oppiné.

« Sur quoy voullant oppiner lesditz Estatz, a esté ledict faict remis au lendemain.

« Et despuis procédantz à la publication des dellibérations desdictz Estatz et sur led. article, le sieur de Flassans auroyt faict pareille remonstrance et tendent ad ce que Sadite Magesté feust suppliée de nous descharger dudict sieur président des Arches, ensemble retrancher la multiplicité des officiers audict pais inutilles, et nous remectre comme estions auparavant, par les raisons que dessus.

« Sur quoy, par lesdictz Estatz a esté dict et arresté que d'aultant que par les ordonnances dudict sieur président, les exécutions acoustumées audict pais ont esté retardées et arrestées et par autres commisseres que il a pleu à Sa Magesté cy devant nous envoyer en cedict pais, sera suppliée Sadicte Magesté d'ores en là ne nous mander aulcungs commisseres, et mesmes descharger, ad ce que lesd. exécutions ayent son cours, ledict sieur président des Arches de sadicte commission..... »

(Archives des Bouches-du-Rhône, série C., Registre 3 du Pays, f° 20).

II

22 septembre 1595. — Commission donnée au conseiller d'Etat Péricard.

« Henri..... etc, a notre amé et féal conseiller en nostre Conseil d'Estat, le sieur Pericard, salut. Ayant pourveu nostre très-cher et très-amé nepveu le duc de Guyse du gouvernement de nostre pays de Prouence, nous avons estimé nécessaire de le fere assister d'vng personnage d'auctorité, preudhommye et expérience en la direction des affaires et administration des finances, tant en ladite province et admiraulté qu'en l'armée dont nostredit nepveu aura charge et commandement pour le bien de nostre service et pour remettre en nostre obéissance les villes et places qui en sont dévoyées, et considérans que nous ne scaurions faire eslection de personne qui mieulx et plus dignement que vous se puisse acquicter de ladicte charge,

Pour ces causes et autres considérations à ce nous mouvans, vous avons commis, ordonné et depputé, commettons, ordonnons et depputons par ces présentes pour estre et vous tenir près la personne de nostredit nepveu le Duc de Guyse, le suyvre assiduellement, l'assister de conseil ès affaires qui se pourront cy après présenter esdits gouvernement et armée et admiraulté, et pour avoyr la charge et intendance sur nos finances, vyvres et munitions desdites province et armée, tenir registres de toutes ordonnances, mandementz, commissions et expéditions qui seront faictes par le commandement de nostredit nepveu, les conteroller et les estatz, certiffications, cahyers et aquictz servans à la descharge des trésoriers ordinaires et extraornaires de noz guerres, artillerye, vivres, munitions et réparations et des trésoriers et receveurs du pays; lesquelles autrement nous ne voullons et entendons estre vallables ny estre receues par lesdits trésoriers, receveurs et comptables, sur peyne de nullité et de répétition sur eulx. Et en tout ce que dessus et qui en peult deppendre, nous vous mandons de fere ordonner tout ce que vous recongnoistrez estre nécessere pour le bien de nostre service, mesmes d'aller sellon les occurences en nostre Cour de Parlement d'Aix, Chambre de noz Comptes, Aydes et Finances et Bureau des Trésoriers de France dudit Pays; voullans que, pour cest effect, vous y ayez entrée et séance telle qu'ont accoustumé d'avoir noz conseillers en nostre Conseil d'Estat et que, où ils auroyent besoing d'estre en quelque chose esclarciz de nostre intention, vous leur puissiez faire entendre et remonstrer ce qu'ilz auroint à faire en général et en particulier pour le bien de noz affaires. Sy mandons, etc.....

« Données à Lyon, le vint-deuxiesme jour de septembre, l'an de grâce mil cinq cens quatre vingt quinze et de nostre règne le septiesme. »

(Arch. des B.-du-Rh., B., Cour des Comptes, Reg. *Virtus*, f° 22).

III

29 avril 1630. — Discours de M. de Feraporte, syndic des Communautés, à l'Assemblée générale tenue à Valensolles.

« Le sieur de Feraporte, syndic des Communautés, a représanté qu'il y a longtemps que la Province est menassée de plusieurs Eedictz grandemant préjudiciables aux privilèges et libertés dudit pais, notamment celluy des Esleuz, quy ne les destruit pas seullement, mais encore il porte tellement tous les habitans de la province dans vng si grand estonnemant par le pouvoir et atribution qui leur est accordé que, à la seulle panssée qu'ilz en ont, ilz ne peuvent esviter de concepvoir que ce leur est vne désolation enthière et vne ruine innévitable. Et quoy qu'il semble qu'aux précédantes députations quy ont esté faictes par devers Sa Majesté sur ce subjet, tant à Allez que à Monfrin pendant la tenue des derniers Estatz à Tarascon, il n'y ayt esté rien oublié de la part du pays pour tâcher de rapourter quelque solagemant à noz maus, il est obligé par le juste santiment que les comunaultez ont de cest affaire, de la metre de noveau en advant, attandu mesmes que, par divers advis qu'on leur a donné, on leur fait espérer de pouvoir obtenir grâce près de Sa Majesté, affin que l'Assamblée quy se treuve en estat de prouvoir à toutes chozes sellon l'ocurance, aye soin de remédier à celle-cy quy est la plus importante et quy nous incomode le plus. Et, pour y pouvoir plus facillemant parvenir, il luy samble qu'il ne reste plus que ce seul moyen qui peult estre prins pour le dernier reffuge, qui est que les communaultés en corps s'allent metre aux pieds de Sadite Majesté pour, avec ces très-humbles remonstrances suyvies par ces larmes, tâcher d'incliner sa bonté et clémance, affin que, par son œilh de pitié et de miséricorde, il luy plaize délivrer cette province de tant de juxtes apréhantions qu'elle a que lesdits Ecditz, nouvelles surcharges, notamment celluy desditz Esleuz, ne la prive de pouvoir fournir et contribuer pour le bien de son service tout ce qu'elle peult avoir de plus cher.

« Ensuite de laquelle propozition, ayant esté longuemant discoureu par lesdites comunaultés de la nécessité qu'il y a de faire ladite députation et du grand nombre quy est requis à faire ce voyage, l'Assamblée, par la pluralité des opinions, a depputé à l'effect que dessus jusques au nombre de seize comunaultés assistantes en icelle ; et, pour esviter le désordre et la confusion parmi elles, qu'elles seront prinses et tirées au sort, et, de celles quy seront retenues, en sera choizy vne pour porter la parolle de leur part (1). »

(Arch. des B.-du-Rh., C., 14 Reg. du Pays, f° 105 *verso*).

(1) Le lendemain, en effet, les députés des communautés de Tarascon, Forcalquier, Grasse, Toulon, Digne, Saint-Paul, Moustiers, Castellane, Brignoles, Guillaumes, Seyne, Saint-Remy, Les Mées, Antibes, Valensolle et Cuers furent désignés par le sort. (Reg. 14 du Pays, f° 109 v°).

IV

Extrait du procès-verbal de l'Assemblée générale des Communautés, ouverte à Aix le 26 octobre 1630.

« ..... M. Martelly, assesseur d'Aix, procureur du Pays, a représanté que le principal subjet de la convocation de ceste assamblée est pour informer les communautés de l'introduction qu'on veult faire dans la Province de l'Edit d'Eslection, qui seroit la chose la plus préjudiciable non seullement en ce qui regarde les biens, mais les libertés, voire la propre vie des habittans dudit pays. Car outre que l'Edit d'eslection porteroit vng anéhantissement de tous les vz, coustumes, privilleges et libertez dudit pays, il priveroit les habittans de la disposition de leurs biens qui ne dépandroint que des officiers establis pour ladite eslection, dont le nombre, par la supputation qu'en a esté faicte, seroit de trois cens cinquante, qui traineroit avec eux vne légion entière de sergens, exécuteurs, recors et autres ; telle sorte de gens qui dévoreroint la substance du povre peuple. En sorte que de bons et fidelles subjetz que les Provençaux ont esté recogneus durant tous les siècles passés non seullement utilles, mais nécessaires à la conservation de cest estat, ilz seroint changés en de chétifs et misérables esclaves à quy on auroit osté la force et abattu le courage de pouvoir continuer leur service au Roy. Aussi Messieurs de la Cour de Parlement ayant prudemment examiné l'importance d'un tel édict et les inconveniants que l'exécution d'icelluy pourroit produire, ont faict vng arrest le dix-huitiesme de ce mois, pourtant deffances à toutes personnes de traicter desdictz offices d'esleuz, ny iceux exercer en tiltre d'office ou par commission, à peyne de dix mil livres et autre arbitraire. Et tout ce que dessus ayant esté représanté par ledit sieur assesseur à Monseigneur le gouverneur à son arrivée à Marseille, en la présance de Messieurs les Procureurs du Pays, nouveaux créés et de plusieurs consullaires de la ville, il advoüa que cet Eedict seroit grandement préjudiciable, non seullement à la prouvince, mais au service du Roy, et par ainsin promettoit de s'employer avec toute affection pour empescher l'exécution d'icelluy et l'establissement des officiers et ne rien oblier de l'adcistance que le peuple se doibt promettre de son amityé, en ceste occasion où il y va de sa conservation.

« Ensuite de ladite proposition, ayant esté meu discours par la pluspart des depputés des communautés qu'on doibt donner temps à vng chascung de pencer à par soy aux expedians auxquels on se doibt résouldre, attandu l'importance de cest affaire, ainsi que l'on a praticqué en pareilhes assemblées, voire dans les Estatz, l'Assamblée faisant considération à l'importance de ceste proposition, a remis à y dellibérer jusques à lundy vingt-huictiesme de ce moys, pandant lequel temps chescung pourra adviser aux moyens et remèdes plus propres pour le sollagement de la province.»

Le soir du 28 octobre, « ledict sieur Martelly, assesseur, a représanté que, sur la proposition qu'il fist avant-hiert touchant cest édict des esleuz, la Compaignie treuva bon de donner temps à vng chescung de pencer à par soy aux expedians qui se pourroint prandre, estant à presant question que, puisque c'est l'affaire la plus importante quy se puisse traicter dans ceste Assemblée, de commencer à prandre quelque résollution.

« Sur quoy l'Assamblée a vnanimement dellibéré que très-humbles remonstrances seront faictes au Roy sur le préjudice que l'exécution de l'Eedict d'eslection et establissement des officiers apporteroit à son service, au moyen de la désollation de tout le peuple dudict pays, qui seroit privé du contantement et de la gloire de pouvoir servir Sa Majesté et continuer les tesmoinages de son entienne fidélité, puisqu'on luy auroit osté la force et abbattu entièrement le courage en les réduisant à vne maudissité, les privant de leurs libertés et privilléges sans avoir commis, ny de faict, ny de pensée, aulcung crime qui méritât une telle punition. Que Sadite Majesté sera très-humblement suppliée, pour la consollation de son peuple, de révocquer cest édict ; lesquelles remonstrances seront jainctes à celles qui seront portées par M. le Procureur général du Roy, qui en sera prié sans qu'il soit de besoing de faire aulcune depputation pour ce subjet. Et ceppandant, conformément audict arrest de la Cour de Parlement en cas qu'on en poursuivist l'exécution et establissement desdits officiers, que toutes les communautés de la province y donneront empeschement par toutes les voyes deubes et raisonnables, affin qu'vne chose tant dommageable au service du Roy et au sallut du peuple, qui sont inséparables, ne soit establie dans la province. »

. . . .

« Le sieur de Trimond, premier consul et depputé de la communauté des Mées, a remonstré qu'ayant l'Assamblée généralle tenue à Vallansolle le moys d'apuril dernier, depputé seize communautés pour s'en aller en cour touchant cest édict des esleuz, c'estans tous lesdits depputés assamblés à Brignolle pour entreprandre leur voyage, ils prièrent, par l'advis de plusieurs personnes d'authorité et de créance feu Monsieur du Loubet, de porter la parolle de leur part ; et, parce que de seize depputés qu'ils estoint, il ne s'en treuva que vnze qui prindrent cent escus chescung du sieur trésorier Gaillard pour fere leur voyage, il feust resoleu que, puisque l'argent des cinq restans estoit espargné, que ledit feu sieur du Loubet prandroit aussy cent escus comme eux......... »

Le 29 octobre, « ledit sieur Martelly, assesseur, a remonstré que bien l'Assamblée aye prins resollution tant sur le faict de l'eedict d'eslection que de la transferance qu'on poursuit de la Cour des Comptes en la ville de Thollon, il a esté adverty qu'on menasse encores la province de plusieurs autres nouveautés et subcides qui ne vont qu'à sa ruyne entière, entre autres l'Edict de Comptabilité avec creue d'officiers en ladite Cour des Comptes et encores une nouvelle creue sur le sel et diminucion des mesures pour la randre à l'esgal de l'éminot de France, estant nécessaire que l'Assemblée y prenne résollution aussy bien qu'aux autres affaires.

« Sur quoy l'Assamblée a vnanimement délibéré qu'il sera bailhé et formé les mesmes moyens d'oppositions et empeschemens pour ledict Éedict de comptabilité avec creue d'officiers en ladite Cour des Comptes, et pour ladite nouvelle creue sur le seel et diminution des mesures et à toutes les autres nouveautés et subcides que ceux qui ont esté résolus par la présante Assamblée tant pour l'Eedict des Esleuz que de ladite transférance des Comptes audict Thollon. »

(Arch. des B.-du-Rh., C., Reg. 13 du Pays, f°s 61, 63 et 65.)

V

Discours de l'Intendant d'Aubray, prononcé à l'Assemblée générale des Communautés tenue à Aix au mois de novembre 1631.

« Mondict sieur d'Aubray, commissaire susdict, a dit : que sy la cognoissance des dessains des Roys quy nous représantent la vive image de Dieu en terre pouvoyt estre communiquée aux peuples, c'est chose très-asseurée qu'ils en recepvroient les événemens avec une pure et sincère vénération. Mais ceste sage prévoyance qui agist des mistères cachés est bien souvent blasmée de ceux qui mésestiment les choses dans lesquelles ils ne peuvent pénétrer, proportionnans les actions des princes dans la conduite de leurs Estatz à leurs intherests particuliers et à la portée de leur esprit, comme sy elles avoient quelque raport aux nostres· mais elles en sont bien différantes, sy nous en considérons la nature, les mouvemens, l'artiffice et la fôrce. Dieu qui, dans le chef-d'œuvre du monde a donné à toutes les créatures la conduicte nécessaire pour la conservation de son estre, a prins en sa main les cœurs des Rois, les a douez de graces particulières, et nous a laissé la gloire de l'obéissance ; et comme les yeux ne peuvent supporter l'esclat d'une grande lumière et les sens sont esbétés par la présance d'un puissant object, aussy nostre esprit s'aveugle dans la recherche des actions des princes pour estre trop rellevées et ne s'en doibt aprocher qu'avec submission et révérance, ny les treuver estranges sy elles surpassent nostre entendement, car nous pouvons proprement dire des Rois ce que Héroclitès disoit de Dieu, que la plus-part de leurs faictz nous sont incogneuz, manque de foy. Mais si ceste différance est deube aux œuvres des princes, à bien meilleur droict la vie de nostre Roy, toute plaine de miracles, ce l'est acquise par un privillége spécial. Car qui repassera sur le cours de son règne ne dira-il pas qu'il a esté conduit par la main de Dieu ? Les sages ne pouvoient comprendre ses dessains et doubtoient de l'issue qui surpassoit leur prudance : aussy sa vivassité dans les conseils, sa force dans les exécutions, sa grandeur de courage les mettoit aussy tost à effect, comme ils avoient esté projettés. Il a triomphé de l'Heurope ; l'Espagne, l'Angleterre et l'Italie se sont vnis ensamble pour luy fournir la plus ample victoire qui aye jamais esté ; les Esléments mesmes luy ont faict joug ; la mer se retire à sa présance et la terre s'est advancée dans la mer pour en reculer les bornes ; et de toutes les rancontres, il ne s'estime point plus grand que pour estre Père de son peuple et avoir conservé dans la guerre la piété et la justice. Mais ce qui a le plus rellevé toutes ses actions et les a faict aprocher de plus près de la Royauté, est d'avoir appelé près de soy pour ministre de ses vollontés ce grand Cardinal, qui y estoit porté par les suffrages de toute la France, auquel il ne ce peut donner plus grand tiltre de gloire que le choix de Sa Majesté. Toutes les Provinces ont santy les effectz de l'vtillité de son règne, et celle-cy comme la plus importante et le principal membre de l'Estat a jouy de ce bonheur ; et c'est avec un extrême regret du Roy qu'elle souffre à présant la foulle de quelques trouppes, dans laquelle le pays peult prandre pour consollation que leur subjour en ceste province ne procède point de la deffiance que Sa Majesté aye de voz affections (vous l'avez conservée sy religieusement et sy long temps à son service), mais la nécessité, qui est la première loy de l'Etat, le requiert. Ainsy pour des considérations bien importantes et qui sont encores dans le cœur du Roy, et dont l'issue nous donnera toute satisfaction, c'est la dernière surcharge de ceste province et la crise de voz maux qui nous ouvrira la porte à vn estable et parfaict repos. Vous le debvés attandre soubz la conduicte de ce grand cappitaine, premier officier de la couronne, qui, ayant passé ses premières années en la garde sacrée de nostre Roy, qui est monté aux premières charges de l'Estat, a commandé dans les armées et mérité la direction de ceste province. C'est doncques à vous, Messieurs, de concourir vnanimement aux volontés d'vn si grand prince, soubz de si favorables auspices, et de continuer la première place que vous avez toujours succédé à l'honneur des bonnes grâces du Roy, ce quy vous est très-facile, car vous la possédés héréditairement. Vous avés esté nourri dans l'affection de leur service et avés donné de si grandes preuves à vostre fidélité que, suivant vos anciens erres, vous serés dans le comble des bonnes actions. S'il c'est passé quelque désordre à vostre pays, Sa Majesté n'en attribue point la cause ny au corps du pays, ny à ceste cappitalle ville de la province. Vous en verrés les tesmoignages du Roy dans la première conjoincture et, à présant, recepvés pour preuve singulière de ses bonnes grâces le subject de l'Assemblee, et pour prognostic du prochain sollagement, car la somme qu'il vous demande sur le don gratuit que vous lui avez offert est pour la substantation des gens de guerre qui, dans les autres provinces, sont entretenues aux dépans du Pays. Mais c'est vous faire tort de vous exorter à bien faire : c'est vne chose née avec vous de servir le Roy. Je vois desjà dans vos cœurs vne émulation pour le bien de ses affaires. Monstrés-vous telz que vous avés tousjours esté, et vous supplie d'avoir agréable mon ministère pour rellever et faire valloir voz services auprès du Roy. »

(Arch. des B.-du-Rh., C., Reg. 15 du Pays, f° 99.)

VI

13 août 1634. — Nomination de l'Intendant Talon.

« A noz très-chers et bien amés les Consuls et Habittants de nostre ville d'Aix.

« De par le Roy, Comte de Provence,

« Très chers et bien amés, Nous envoyons le sieur Tallon, conseillier ordinaire en nostre Conseil d'Estat en qualité d'Intendant de la justice, police et finances en nostre pays de Provence, et nous l'avons chargé de faire enregistrer et effectuer nostre déclaration du mois de juin dernier pour l'esgalisation du prix du sel à quinze livres pour minot en noz provinces de Lionnoys, Dauphiné, Provance et Languedoc, en laquelle ayant esgard que noz subjetz de nostredict Pays de Provance souffroint un grand préjudice sy nous ne les récompensions par d'aultres voyes, nous leur avons ordonné vne descharge de trois cens mil livres des impositions qui se feroint sur les feus du pays, et assigné l'entretènement de noz galaires sur le fonds qui proviendra de ceste augmentation, comme aussy les gages des officiers; en sorte qu'il demeurera presque tout dans le Pays et que les despences les plus nécessaires pour nostre service et la conservation et seureté de la Province se prandront désormais sur ledict fondz. C'est pourquoy nous vous faisons ceste lettre pour vous dire que vous ayés non seullement à recognoistre ledict sieur Talon en ladicte qualité, mais encores, et surtout à l'ayder et adcister de tout ce qui despandra de vous pour l'effaict dudict establissement, comme en chose qui est très-importante au bien de noz affaires et service, vous asseurant que celluy que vous nous randrés en ceste occasion nous sera très-agréable. N'y faictes donc faute, car tel est nostre plaisir.

« Donné à Chantilly, le treiziesme jour d'aoust mil six cens trante quatre. »

(Arch. des B.-du-Rh., C., Reg. 17 du Pays, f° 144.)

VII

Extrait du procès-verbal de l'Assemblée particulière du 11 octobre 1634.

(Il est dit dans cette assemblée que les députés du Pays envoyés à Berre vers l'intendant Talon, n'arrivèrent en cette ville qu'après son départ, mais purent l'atteindre à Marignane),

« Et apprès luy avoir rendeu les compliments de la part de la province, le sieur Augery (assesseur d'Aix) luy représenta les justes apréhantions que tout le Pays a du subject de son voyage et de sa procédure, puisque c'estoit sans que ses lettres feussent esté présantées ou vériffiées par la Cour des Comptes, et sans que le pays feust esté ouy, ny appelé, le suppliant de vouloir respondre ledit comparant.....

« Ledit sieur Tallon, tesmoignant une grande aigreur, leur auroit dict plusieurs parolles invectives, ce que les auroit obligés à se retirer sans avoyr peu rien obtenir; et, quelque temps après, s'estant encores présanté à luy et incisté à leurs précédantes réquisitions et à leur randre leur comparant avec son ordonnance, ledict sieur de Tallon leur auroit respondu que, puisque le pays s'estoit prouveu à la Cour des Comptes, on ne debvoit pas recourir à luy. A quoy lui feust représanté par la notice qu'ilz avoient heu de sa procédure sans présantation ny vériffication de lettres, les avoyt obligés de se retirer à ladicte cour, juges naturelz de ceste cauze. Tesmoignant ledict seigneur de Tallon d'estre picqué, tous lesdits sieurs depputés se voulloint retirer pour retourner en ceste ville; mais monseigneur le gouverneur commanda absollumant lesdits sieurs Augery, Arnaud et André de le suivre en la ville de Marseille; mesmes commanda à troys de ses gens d'armes...... de ne les quitter point. Tout ce qu'ilz peurent faire, ce feust d'obtenir congé pour lesdits sieurs de Saint-Pol et Brun, et de demander acte de toute ceste forme de procéder à M. le conseiller d'Aymar et à M. l'advocat général Thomassin, depputés par la Cour, de ce qu'ilz alloint à Marseille contrainctz, et avec proptestation qu'ilz n'enthandent donner aulcung consantement à tout ce qu'il se fairoit dans ladicte ville, non plus qu'ilz n'avoint pas consanty à ce qui avoyt esté faict à Berre et à Tarascon; ayantz lesdits sieurs commissaires dict ausdits sieurs depputés de dresser procès-verbal, et qu'ilz attesteroint à la Cour la vérité de tout ce qui s'estoit passé. Et apprès, lesdits sieurs depputés, tousjours suivis de près par les susnommés, ilz se randirent à Marseille, et tout ce qu'ilz peurent exhiger de luy ce feust de se retirer dans le logis des *Troys-Roys*, soubz la parolle que lesdictz sieurs depputés donnarent de n'en bouger sans congé. Et le landemain vnziesme, mondict seigneur leur déclara qu'il venoit en ceste ville (Aix), et qu'ilz y pouvoint venir. Et ayantz prins congé de luy et se retirant au logis, auroint veu partout où ilz passoint un grand estonnement de tous les habitantz dudict Marseille, tesmoignant la marrison qu'ilz avoint de ce qui s'estoit passé. »

(Arch. des B.-du-Rh., C., Reg. 17 du Pays, f 140.)

VIII

Extrait du procès-verbal de l'Assemblée particulière du 14 septembre 1643.

M. Du Fort, assesseur d'Aix, expose que « Monsieur de Champigny, Intandant de la justice, police et finance en ce pays et armée de Provence leur a remis lettre du Roy à eux addressante, dattée du troysiesme juillet dernier, par laquelle Sa Majesté leur donne advis comme elle a pourveu mondict sieur de Champigny de ladicte charge d'Intandant, et leur ordonne de luy rendre les honneurs et perrogatives et luy payer les appoinctemens accoustumés; comme aussi mondict sieur de Champigny leur a exibé sa commission en pargemin dattée du quatriesme may dernier, les requérant, au moyen de ce, luy faire payer lesdictz appoinctementz telz que ses devantiers et luymesme ont eu par cy-devant, estant à l'Assamblée d'y dellibérer, apprès qu'elle aura veu les registres du Pays, pour sçavoir comme il en a esté vsé jusques icy.

« Sur quoy, lecture faicte de ladicte commission et lettre du Roy, apprès avoir veu le pouvoir donné à Messieurs les Procureurs du Pays par l'Assamblée générale des communautés tenue à Brignolle le moys de febvrier dernier de continuer les appoinctementz durant la présante année à Monsieur de Vautorte, pour lors Intandant, lequel a esté payé jusques au quinze juin dernier, qu'il receust ordre du Roy de sortir de cette province pour aller servir Sa Majesté ailleurs, ainsi qu'il a esté vérifié par le mandement à luy expédié le quatorze dudict moys de juin, l'Assamblée, conformément au pouvoir à elle donné par celle tenue à Brignolle, a dellibéré qu'il sera expédié mandement à mondict sieur de Champigny, Intandant, dès le seize dudict moys de juin à raison de six cens livres par moys, jusques à la fin de ceste année, quartier par quartier, à la manière accoustumée, soubz les mesmes clauses et conditions portées par les précédantes délibérations faictes sur ce subject aux Assemblées générales tenues à Draguignan, Antibes et Brignolle les années dernières. »

(Arch. des B.-du-Rh., C., Reg. 21 du Pays, f° 30, *verso*).

IX

Extrait du procès-verbal de l'Assemblée particulière du 19 avril 1649

M. de Seguiran, assesseur, annonce aux procureurs du pays « que leur a esté signiffié vn arrest de la Cour de Parlement de ce pays, les Chambres assemblées, du douze de ce mois, portant qu'en conséquence des lettres de déclaration du Roy des mois de may, juillet et octobre mil six cens quarante-huict et deuxiesme de ce mois, inhibitions sont faictes à M. de Seve, quy s'estoit qualiffié Intandant de la justice, police et finances en ceste province, de contravenir ausdictes déclarations et s'inmisser en aucun acte de justice et de pollice, soit pour la présidance aux assemblées, commissions particulières que autres, à peine de faux, despens, dommages et inthérestz, et à touttes personnes de s'adresser et prouvoir par devant lui, ny le recognoistre ausdites matières, à peine de nullité et autres arbitraires, et néanmoingz qu'il sera informé en cas de contrevention, ce qui pourrait apporter vn grand désordre dans le pays, puisque mondit sieur l'Intandant se treuve commis par mondit seigneur le Gouverneur pour présider aux Assemblées du Clergé et de la Noblesse assignées le quatre dudit may à Marseille et à Aubaigne..... »

(Sur quoi l'Assemblée députe à la Cour M. Guion, avocat, pour informer le Roi de cela et rapporter ses ordres.)

(Arch. des B.-du-Rh., C., Reg. 22 du Pays, f° 154 *verso*).

X

Extrait du procès-verbal de l'Assemblée générale des Communautés, tenue à la Valette au mois de novembre 1649.

« M. le président de Viens, commissaire de l'Assemblée, a dict avoir receu une lettre du Roy, par laquelle Sa Majesté luy mande de faire dellibérer par ladicte Assemblée que Monsieur de Seve qui a est (*sic*)

Intendant en ceste province, soit payé de ses appoinctementz d'Intendant pour neuf mois, à raison de mil livres chascun, à luy deubs dès le premier janvier jusques à la fin de septembre de la présente année, suivant l'arrest du Conseil et commission que Sa Majesté en a faict expédier ; que mondit sieur le président de Viens a remis pour en estre fait lecture.

« En suite de quoy, ledit sieur de Croze, assesseur, a remonstré qu'ilz ont receu deux lettres du Roy sur ce subject des douze (aoust) et quinziesme octobre derniers, par lesquelles Sa Majesté leur ordonne qu'ilz ayent à tenir soigneusement la main à ce que, par ceste assemblée, soit mis fondz pour le payement desdictz appoinctementz pour lesdits neuf mois de reste, se montant la somme de neuf mil livres, desquelles deux lettres il requiert aussy estre faict lecture pour leur descharge.

« Et sur ce, le sieur de Vela, advocat, a requis l'Assemblée qu'il peult luy faire sçavoir les raisons particullières de la justice de la demande de mondit sieur de Seve ; ce que luy ayant esté permis, il les a desduites au long et prié l'Assemblée d'y faire considération ; estant après cella sorty.

« Surquoy, lecture faicte dudict arrest du Conseil et Commission en datte du douziesme may et desdites deux lettres de cachet desdits jours douziesme aoust et quinziesme octobre derniers, l'Assemblée, ayant faict courir les voix, a dellibéré par la pluralité des opinions, que la province ne peut estre subjecte au payement desdits appointementz, attendu la déclaration faicte par Sa Majesté, le mois de juillet mil six cens quarante-huict, qui restrainct la fonction de messieurs les Intendantz au faict de la guerre et ne leur attribue à l'avenir aucune juridiction contentieuse, en considération de laquelle on leur avoit accordé quelques appoinctementz auparavant. »

(Arch. des B.-du-Rh., C., Reg. 22 du Pays, f° 303 *verso*).

XI

Extrait du procès-verbal des Assemblées particulières du 26 mars 1650 et du 29 mars 1650.

Les procureurs du pays ayant appris que la ville d'Hyères a fermé ses portes et refusé de donner entrée au régiment de Boissac, « jugent à propos d'en donner cognoissance à Monsieur de Varennes, envoyé de la part du Roy en ceste province, qui se trouve à présant à Marseille despuis hier et le suplier de s'aller joindre à Monseigneur le Gouverneur à Toulon, pour treuver quelque moyen de pacifflcation et esviter les suites de semblables affaires ; et par mesme moyen celluy qui fera le voyage audict Marseille vers mondict sieur de Varenes le pourra suplier d'escripre à la Cour et faire sçavoir le déplorable estat où ceste province se treuve et luy remetra, ainsy qu'il a désiré, le mémoire des antiennes formes de la Province, tant pour les ataches que pour les aydes et contributions et autres choses importantes esnoncées ausdits mémoires, requérant ledict sieur assesseur d'y adviser. »

(M. de Saint-Paul fut députė vers Varennes.)

Trois jours plus tard, l'assesseur de Croze rapporte aux procureurs du pays « que Monsieur de Varennes, conseiller du Roy en ses conseils estant arrivé en ceste ville (1) despuis quelques jours, il remist à Messieurs les procureurs deux lettres de cachet du Roy à eux adressées datées de Rouan du seize febvrier dernier : la première contenant que Sa Majesté envoyoit en ce pays ledict sieur de Varennes, sur le subject de quelques affaires qui importent au bien de son service, et quy tandent principalement à affermir l'authorité de Sadite Majesté, le repos et la tranquillité de cedict Pays, ordonnant ausdits sieurs procureurs du Pays d'ajouster entière créance à tout ce que ledict sieur de Varenes leur fera entendre de sa part, et à contribuer ce qui peut dépendre d'eux pour le succès des choses que luy sont comises ; et l'autre lettre de Sadicte Majesté contient qu'elle a si fort à cœur le repos de la Province, qu'elle ne veut rien obmetre de tout ce qu'il faut faire pour le bien establir. Et pour cest effect, ledit sieur de Varenes a dict ausdicts sieurs procureurs du pays, qu'il avait charge de Sadite Majesté de s'informer de tout ce quy s'estoit passé dans la Province despuis la paix du mois d'aoust dernier et recevoir touttes les plaintes des communautés et particuliers sur les logemenz des troupes, rançonnemenz, pilleries et tous autres désordres, pour pourvoir à son retour en donner vne plaine cognoissance à Leurs Majestés et procurer quelque soulagement audict pays, sy bien que c'est à l'Assemblée d'adviser ce qu'elle doibt faire en suite des ordres du Roy et de l'esposition de la créance dudit sieur de Varenes, affin qu'on puisse dez à présent y prouvoir. »

(Un cahier de doléances fut en effet dressé et soumis à M. de Varennes.)

(Arch. des B.-du-Rh., C., Reg. 22 du Pays, f°s 352 et 354.

(1) La ville d'Aix.

XII

Assemblée particulière du 11 avril 1713.

« M. le marquis de Castellane, maire et premier consul d'Aix, procureur du Pays, a représenté que le sieur premier président et Intendant avoit agréé que Messieurs ses collègues et luy tinssent au nom de la province sur les fonts de baptême l'enfant dont Madame son épouse étoit sur le point d'accoucher, et qu'ils avoient cru devoir à l'instant faire part à l'Assemblée d'une pareille marque de distinction.

« Sur quoy l'Assemblée recevant avec toute la sensibilité et la reconnaissance possible l'honneur qu'il a plu au seigneur premier Président et Intendant de faire à la Province de tenir sur les fonts de baptême l'enfant qu'il plairra à Dieu de luy donner, a délibéré que la cérémonie en sera faicte par Messieurs les Procureurs du Pays, au nom et aux frais de la Province, et qu'au sortir de la séance, ils iront de la part de l'Assemblée remercier ledit Seigneur premier Président et Madame son épouse de ce nouveau gage de protection envers la Province. »

(Arch. des B.-du-Rh., C., Reg. 40 du Pays, f° 303).

XIII

Assemblée particulière du 14 mars 1727.

....

« Ledit sieur assesseur (Simon) a encore représenté que pour conserver un souvenir tousjours plus présent des bontés que M. Lebret, premier président au Parlement d'Aix, Intendant et commandant en cette Province, et des bons affices qu'il luy a rendu et luy rend en toutes occasions, il fut trouvé à propos de placer son portrait dans la principale salle des apartemens qu'elle occupe à l'Hôtel-de-Ville, orné de son cadre doré et ses armes et de cette inscription qu'on lit au bas :

CARDINUS . LEB[illegible]
CONSTITUTUS
PRINCEPS . SENATUS . GALLO . PROVINCIÆ . PRÆFECTUS
ET PROREX
EO . QUOD . DILEXERIT . DOMINUS
POPULUM . SUUM.

« Sur quoy l'Assemblée, qui se sent vivement pénétrée de tout le bien que M. Lebret, premier président et Intendant, fait à cette Province, aprouve tout ce qui a été fait à cet égard par Messieurs les procureurs du pays et verra toujours avec plus de plaisir son portrait placé dans sa principale sale. »

XIV

Procès-verbal de l'Assemblée particulière du 22 avril 1748.

« M. Julien, assesseur d'Aix, procureur du Pays, a dit que l'on a eu avis que M. de La Tour, premier Président du Parlement et Intandant de police et finances en cette Province, doit arriver de Paris pour être reçu en l'état et office de premier président et que MM. de la Cour et du Parlement ont délibéré de le recevoir avec les cérémonies que l'on a pratiqué en pareille occasion, sur quoy il a fait chercher dans les registres de la Province et de la Ville, ce qui fut pratiqué à l'arrivée de M. Marin, premier président du Parlement en l'année mille six cens soixante et quatorze et lecture faite dans l'Assemblée de la délibération prise le cinq juin mille six cens soixante et quatorze, à cette occasion :

« L'Assemblée a député M. le marquis de Pierrefeu, premier consul d'Aix, procureur du Pays, et M. Julien, assesseur d'Aix, procureur du Pays, pour aller en la ville de Lambesc avec six gentilshommes à leur choix la veille du jour que M. de La Tour doit arriver en cette ville, lesquels seront accompagnés de deux serviteurs du

Pays à cheval et de deux valets de ville; lesquels sieurs députés seront défrayés de leur dépense de bouche et voiture, suivant le rolle qui en sera tenu par le sieur Gautier du Poët, trésorier des Etats, que l'Assemblée a aussy député, ou par son commis à son deffaut, les serviteurs du Pays et valets de ville seront payés de leur journée à la manière accoutumée. »

(Arch. des B.-du-Rh., Série C., Reg. 48, f° 178, v°.)

XV

Extrait des procès-verbaux de l'Assemblée générale des Communautés, ouverte à Lambesc le 10 octobre 1768.

« Du treizième dudit mois d'octobre, du matin.

....

« Le Seigneur Archevêque d'Aix, président aux Etats, premier Procureur du Pays né, a dit, qu'ayant reçu des instructions du ministre portant que M. l'Intendant de cette Province étoit le seul intendant de toutes les généralités du Royaume qui ne fût point logé, et que l'intention du Roy étoit que la Province lui accordât son logement, il a cru devoir en faire part à cette Assemblée, et luy faire observer qu'il est d'autant moins permis de metre aucune diférence entre M. l'Intendant de cette Province et ceux des autres généralités du Royaume, que le Pais n'a cessé d'éprouver et éprouve tous les jours les effets du zèle qui l'anime pour les intérêts de cette Province.

« Sur quoy l'Assemblée, considérant combien il est flateur pour elle de pouvoir donner quelques marques de sensibilité pour les services que M. l'Intendant n'a cessé de rendre au Pais, et que depuis trente-cinq ans M. le Premier Président et Intendant, ainsi que M. de La Tour son père, qui l'avoit précédé dans ces charges, n'ont joui d'aucun logement, a délibéré par acclamations, qu'il sera payé à M. de La Tour, Intendant de cette Province, la somme de trois mille livres par an pour son logement, à compter du premier janvier dernier. »

(Arch. des B.-du-Rh., série C., 52° Reg. du Pays, f° 352.)

XVI

Extrait du procès-verbal de « l'Assemblée générale des gens du Tiers-Etat du Pays et Comté de Provence », ouverte le 5 mai 1788. — Discours de M. de La Tour, Commissaire du Roi :

« MESSIEURS,

« Le Roi s'est rendu au vœu de ses peuples. Plusieurs provinces jouissent déjà de ces Assemblées Nationales où les Trois Ordres, maintenus dans un sage équilibre, dirigent au bien public le zèle et l'activité du patriotisme.

« Dans cette heureuse révolution, la Provence avait à désirer le retour à son antique Constitution. Sa Majesté, en convoquant les Etats dans la forme constitutionnelle, vous a rendu tous les droits dont vos pères avaient joui.

« Ce bienfait assure et garantit la prospérité de la Province. Pour remplir cet objet, les Etats se sont occupés de tout ce qui tient à l'utilité publique : ils ont obtenu des diminutions inattendues sur des contributions nécessaires ; ils ont posé les bazes d'une sage économie ; ils ont pris de justes mesures pour étouffer jusques dans leur germe ces longues et anciennes contestations qui divisent les Ordres, qui font le malheur de tous.

« Il eût été à désirer qu'un commun accord eût préparé et consommé le grand œuvre de la félicité publique. L'amour de la patrie devoit opérer ce concert si intéressant et si nécessaire. Une confiance entière et réciproque devoit réunir des citoyens que leur véritable intérêt ne peut séparer.

« Sa Majesté avoit annoncé que les mémoires relatifs aux questions qui doivent être agitées dans les Etats seroient examinées dans son Conseil. Vous avés désiré de porter vos réclamations directement aux pieds du Trône. Notre sollicitude a prévenu vos demandes, et la permission de vous assembler étoit déjà accordée.

« Profités des bontés de Sa Majesté ; fixés les objets de représentation qui doivent être mis sous ses yeux ; occupés-vous de l'intérêt particulier des cités, cherchés à les concilier avec vos loix nationales ; n'oubliés jamais que l'amour de l'ordre, l'attachement à votre Constitution et l'union la plus parfaite, sont les vrais garants du bonheur public. Conformés-vous aux intentions du meilleur des Roix ; reposés vous sur son amour pour ses peuples : C'est le moyen de justifier sa confiance. La sagesse de vos délibérations peut seule me donner l'avantage de concourir au succès de vos vues.

« Vous connoissés mon zèle pour vos intérêts : je me flatte de vous en avoir donné des preuves. Il ne se démentira jamais.

« Obligé par état de protéger les Communautés, de faire valoir leurs droits légitimes, d'appuyer leurs justes réclamations, un double lien m'unit à vous : Mon devoir et mes sentimens. »

(Arch. des B.-du-Rh., C., Reg. 53 du Pays, f° 5.)

XVII

Extrait du procès-verbal de « l'Assemblée générale des gens du Tiers-Etat du Pays et Comté de Provence », séance du 5 mai 1788.

« ..... L'ordre du Tiers-Etat, voulant consacrer par un hommage public et solennel la juste reconnaissance dont il est pénétré pour le magistrat citoyen qui autorise cette Assemblée, et qui dans l'exercice des fonctions pénibles et délicates de l'homme du Roi, n'a cessé, depuis plus de quarante années, de donner au Pays et à l'Ordre du Tiers en particulier des témoignages du plus vif intérêt et des preuves de la protection la plus signalée ;

« A délibéré, par acclamation, de décerner à Mgr des Galois de La Tour une médaille d'or, et l'a prié d'agréer cet hommage sincère d'un Ordre qui veut transmettre à la postérité la plus reculée un mouvement de sa reconnaissance.

« Mgr des Galois de La Tour, après avoir remercié l'Assemblée des sentimens qu'elle vient de lui témoigner, et après lui avoir renouvellé les assurances de son zèle pour les intérêts du Pays et de l'Ordre du Tiers, a fait les plus vives instances pour qu'il ne soit point frappé de médaille.

« L'Assemblée a déclaré par acclamation qu'elle persistoit dans la délibération cy-dessus, et elle a prié Mgr des Galois de La Tour de ne point refuser cette satisfaction à l'Ordre du Tiers.

« Mgr des Galois de La Tour a insisté de ne point accepter cette médaille.

« Et, au sortir de la séance, l'Assemblée en corps s'est rendue chez Mgr des Galois de La Tour ; elle l'a prié de nouveau de se rendre aux désirs de l'Ordre du Tiers, et de ne pas le priver de l'avantage de transmettre à la postérité sa sensibilité et sa reconnaissance.

« Mgr des Galois de La Tour a persisté dans son refus ;

« Et, néanmoins, l'Assemblée a prié MM. les Procureurs du Pays de se charger de l'exécution de sa délibération. »

(Arch. départ. des B.-du-Rh., série C., Reg. 58 des Etats de Provence, f° 38.

TABLE DES MATIÈRES

	Pages
I. — Origine de l'institution des Intendants...............	3
II. — Des pouvoirs de l'Intendant de Provence............	6
III. — Des envoyés extraordinaires du Roi et des commissaires des États...	6
IV. — Des premiers Intendants de Provence :	
§ I. — Des Arches..	16
§ II. — Jean de Péricard, sieur de Méridon...	18
§ III. — Le Président de Chevry..........................	20
§ IV. — D'Aubray et de la Potherie......................	20
§ V. — M. de Talon, conseiller d'état....................	28
§ VI. — MM. de Lauzon et de Champigny..............	31
§ VII. — M. de Vautorte..	35
§ VIII. — M. de Champigny.......................................	36
§ IX. — M. de Sève..................................	39
V. — Période Intermédiaire.. ..	42
VI. — Chronologie des derniers Intendants de Provence :	
§ I. — M. de Rouillé de Meslay.......................... .	48
§ II. — M. de Morant	50
§ III. — M. Pierre-Cardin Lebret	51
§ IV. — M. Cardin Lebret	55
§ V. — Jean-Baptiste des Gallois de la Tour..........	59
§ VI. — Charles-Jean-Baptiste des Gallois de la Tour..	60
§ VII. — Antoine-Auguste-Jean-Baptiste Auget, baron de Montyon......	63
§ VIII. — Gabriel Sénac de Meilhan............................	65
§ IX. — Charles-Jean-Baptiste des Gallois de la Tour de Glené..	66
Pièces Justificatives............	71

MARSEILLE. — IMPRIMERIE MARSEILLAISE, RUE SAINTE, 39.

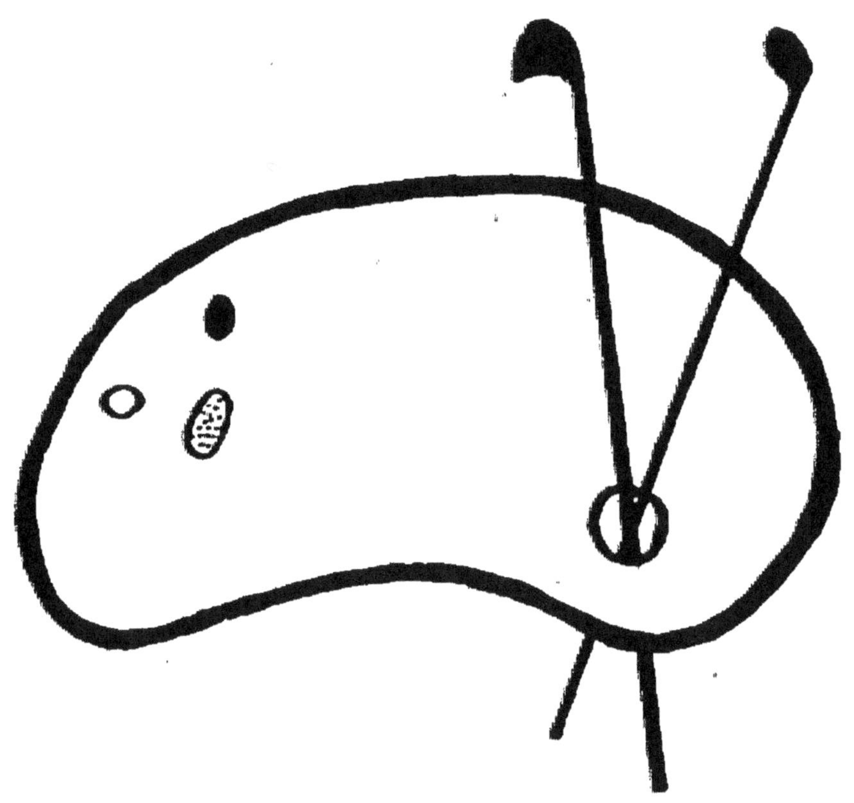

www.ingramcontent.com/pod-product-compliance
Lightning Source LLC
LaVergne TN
LVHW020352230826
846091LV00003B/1068